AF475393

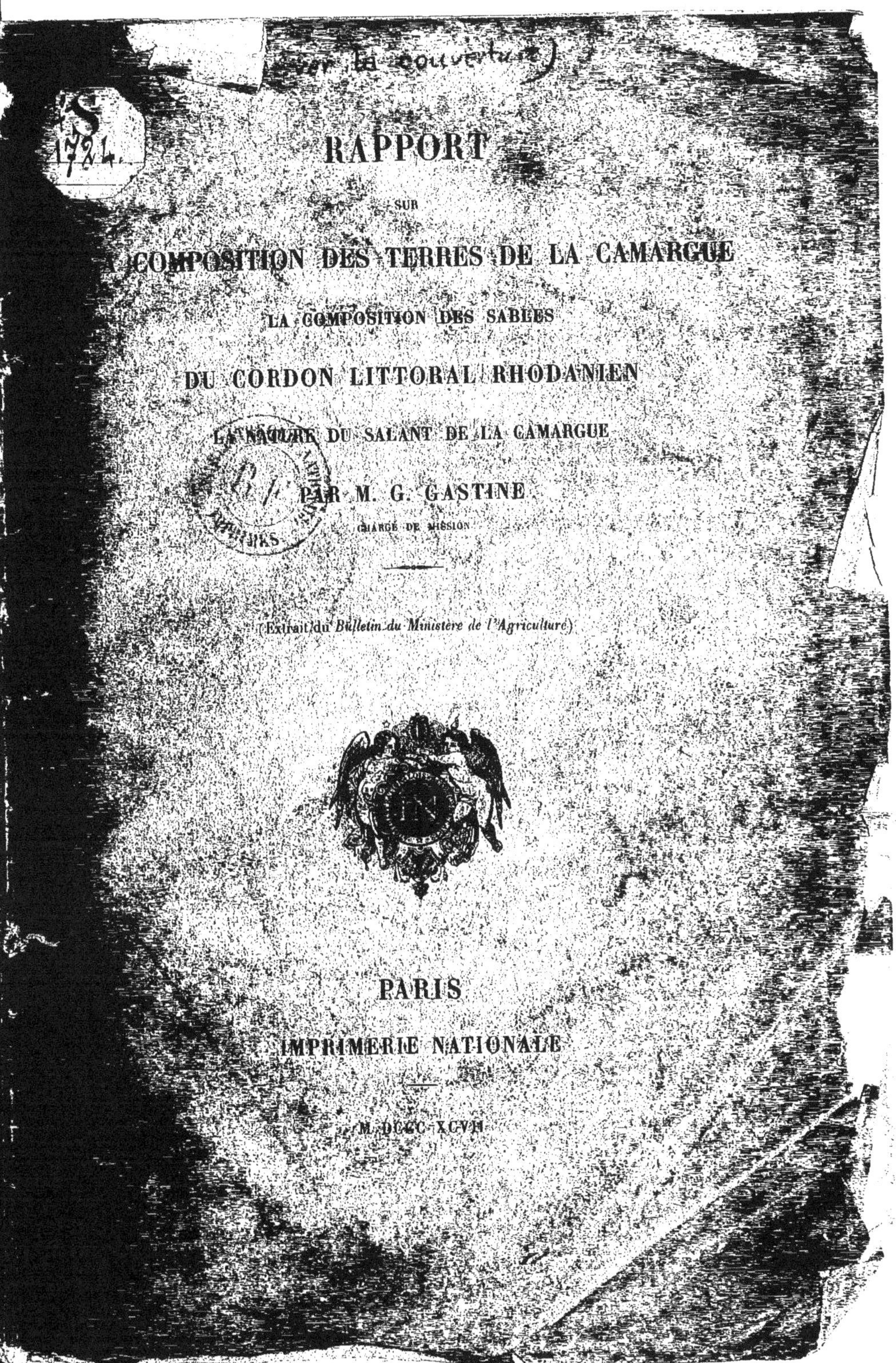

RAPPORT

SUR

LA COMPOSITION DES TERRES DE LA CAMARGUE

LA COMPOSITION DES SABLES

DU CORDON LITTORAL RHODANIEN

LA NATURE DU SALANT DE LA CAMARGUE

PAR M. G. GASTINE

CHARGÉ DE MISSION

(Extrait du *Bulletin du Ministère de l'Agriculture*)

PARIS

IMPRIMERIE NATIONALE

M DCCC XCVII

RAPPORT

SUR

LA COMPOSITION DES TERRES DE LA CAMARGUE,

LA COMPOSITION DES SABLES

DU CORDON LITTORAL RHODANIEN,

LA NATURE DU SALANT DE LA CAMARGUE,

PAR M. G. GASTINE,

CHARGÉ DE MISSION.

FORMATION ET DESCRIPTION GÉNÉRALE DE LA CAMARGUE.

On désigne sous le nom de *Camargue* le territoire compris entre les deux bras du Rhône qui prennent naissance en face le village de Fourques, un peu au nord d'Arles. Le grand Rhône coule presque directement au Sud-Est, tandis que le petit Rhône fait un grand détour vers l'Ouest et décrit plusieurs méandres avant de se diriger vers le Sud pour se jeter à la mer. La Camargue proprement dite, comprise entre ces bras inégaux du fleuve, forme un vaste triangle dont la base se termine irrégulièrement dans la mer par des terres à peine émergées, coupées de lagunes et d'étangs salés, de dunes, formations dont l'ensemble constitue le cordon littoral.

Au point de vue agrologique et géologique, la Camargue est beaucoup plus étendue, car elle comprend l'ensemble du delta rhodanien. On doit y rattacher, en effet, à l'est du grand Rhône, le petit et le grand plan du Bourg ainsi que les marais qui bordent la Crau; à l'ouest du petit Rhône, non seulement la petite Camargue, mais aussi une portion étendue du territoire d'Aigues-Mortes. Les véritables limites du delta sont, à l'est, la Crau; à l'ouest, la costière de Saint-Gilles et les plaines d'alluvions du Vistre et du Vidourle, qui se confondent avec les sols formés par les limons du Rhône au voisinage d'Aigues-Mortes et du Grau du Roi.

La Camargue vraie comprend environ 75,000 hectares; en y ajoutant les terres de même origine qui appartiennent au delta, sa surface atteint près de 142,000 hectares.

A l'inverse de la Crau, dont le mode de formation est demeuré longtemps et reste encore à certains égards un problème pour les géologues, qui y voient tantôt exclusivement le delta torrentiel pliocène de la Durance, tantôt le delta de même âge du Rhône, la formation de la Camargue n'offre aucun mystère. Elle se poursuit en effet, sous nos yeux, aux embouchures actuelles du fleuve et dans des conditions semblables à celles des premiers temps où elle a commencé. Ce sont les limons et les sables charriés par la masse énorme des eaux du fleuve (54 milliards de mètres cubes, d'après Surell) qui, au contact des eaux marines, se déposent en formant auprès des bouches des hauts-fonds ou atterrissements, longtemps remaniés par la vague et les crues, avant d'atteindre leur consolidation sous forme d'un cordon littoral stable. La quantité de limons annuellement apportés par le Rhône a été évaluée par Surell à 21 millions de mètres cubes par an. Les quatre cinquièmes de ces matériaux sont transportés par la branche principale ou grand Rhône; c'est donc surtout dans l'axe du grand Rhône, dans le golfe de Fos, que le travail de comblement est énergique. L'avancement des terres émergées a été en moyenne, depuis 1737 et dans cette direction, d'environ 57 mètres par année. L'espace annuellement conquis sur la mer correspond à une vingtaine d'hectares.

Le petit Rhône, dont le courant est bien moins vif, ne charge guère son embouchure. Les courants marins transportent sur le cordon littoral et en particulier vers la pointe de l'Espiguette les sables qu'il apporte. Suivant M. Charles Martens et M. Lentheric, les progrès de cette plage sont tels que, s'ils se maintiennent, la pointe en question atteindra dans deux mille ans la plage de Palavas, transformant en lagune la rade actuelle d'Aigues-Mortes.

Ce gigantesque atterrissement a été précédé par la formation du delta pliocène qui constitue actuellement les terrasses caillouteuses de la Crau, des coteaux de Saint-Gilles, et qui bordent tout le littoral jusqu'au delà de Montpellier. Ces dépôts pliocènes se continuent sous la Camargue; en creusant dans le delta quaternaire des puits artésiens, on a rencontré la couche caillouteuse du delta torrentiel primitif. Les progrès de cet atterrissement, qui a comblé à l'origine l'estuaire ou ancien golfe de Beaucaire, ont été considérables; sans remonter bien haut dans la période historique, on peut en quelque sorte les mesurer.

Les vestiges de l'époque gallo-romaine qui ont été rencontrés en Camargue permettent, en effet, d'évaluer à 250 ou 300 kilomètres carrés l'accroissement survenu dans le delta depuis cette période historique. La ville romaine d'Arles était, d'après M. Lentheric, un grand port militaire et commercial en communications multiples avec la mer, non seulement par les bras du Rhône, bien plus courts que ceux actuels, mais encore par les lagunes salées, les marais et les étangs qui l'entouraient. « Le Rhône fougueux, écrivait Amnien Marcellin vers le milieu du IVe siècle, se jette dans la mer des Gaules par une large embouchure, dans le fond d'un golfe, à 18 milles de distance d'Arles. » Ce serait donc à peine 27 kilomètres; il y en a aujourd'hui plus de 50[1].

Les bras du Rhône ont subi, dans le cours des temps, de grands déplacements; ils ont été autrefois plus nombreux. Pline en a désigné trois; des auteurs plus anciens, jusqu'à cinq. Quelques-uns de ces vieux lits sont encore apparents. Telle une branche occidentale du fleuve qui aboutissait à l'étang de Mauguio. Plus près de l'époque actuelle, le petit Rhône avait son embouchure vers la pointe de l'Espiguette. Il s'est transporté vers l'est, auprès des Saintes-Maries, laissant à l'ouest la petite Camargue, qu'il enveloppait naguère.

Le grand Rhône versait autrefois ses eaux dans l'étang du Galejon, et son passage est tracé par la dépression dite du *Bras mort*. Avant 1711, ce même Rhône suivait une route inverse, en coulant à l'ouest dans la dépression sinueuse du *Bras de fer* et du *Canal du Japon*, très manifeste encore, et aboutissait vers la pointe de Beauduc. Mais, à la suite d'une crue subite, le Bras de fer, engorgé de limons, ne put offrir un passage suffisant aux eaux gonflées du fleuve, qui s'ouvrit inopinément une voie nouvelle

[1] Ch. Lenthéric, *La région du Bas-Rhône*, et, du même auteur, *Les villes mortes du golfe de Lyon*, *la Grèce et l'Orient en Provence*.

dans un canal artificiel que la faute d'un éclusier avait laissé libre, le canal des Lônes. C'est le passage direct que le grand Rhône a, depuis lors, conservé.

L'accroissement des terres aux embouchures du fleuve a lieu par la coagulation rapide des limons et par le dépôt des sables. M. Schlœsing a montré que l'argile en suspension dans l'eau douce était rapidement coagulée et précipitée par les dissolutions salines, telles que l'eau de la mer. La perte de vitesse des eaux limoneuses au moment de leur pénétration dans la mer ajoute à la facilité de ces dépôts. Il se forme ainsi, en avant des embouchures, des îlots vaseux ou theys (de θὶς « amas de sable ») d'abord fragiles et mobiles. Le nom des divers theys indique les circonstances qui ont accompagné leur formation. Le plus souvent, c'est un navire échoué sur un haut-fond ou quelque épave de plus minime importance. Le moindre abri peut, en effet, déterminer l'apparition de ces bancs et favoriser leur émergence en les protégeant dans une certaine mesure contre l'influence destructive du fleuve et de la mer. Les theys de la Tartane, de la Balancelle sont des désignations significatives; ceux d'Annibal, de Roustan, d'Eugène correspondent aux noms de navires échoués sur les bancs ou hauts-fonds de l'embouchure. Un chargement de brai, en provençal *pego*, échoué à la pointe du grand Rhône, a formé la première amorce du they de *Pégoulier*.

Du côté de la mer, les îlots à fleur d'eau ou theys se garnissent, sous l'effet des vagues, d'un bourrelet sableux qui constitue le début de la plage. Les courants littoraux tendent à disposer cette plage transversalement au cours du fleuve, en formant la ligne du cordon littoral, ligne étroite à l'origine et laissant derrière elle des lagunes salées. Lors des crues du fleuve, les dépôts sableux les plus lourds s'arrêtent sur les hauts-fonds du they et les consolident en les chargeant. Les limons pénètrent dans les lagunes et les exhaussent. Quelques plantes salées se fixent sur les parties émergeantes en y formant des *radeaux* ou *touradons*, qui augmentent la stabilité du sol et favorisent la retenue de nouveaux dépôts lors des crues. Les sables de la plage, chassés par le vent, s'arrêtent dans les touffes de salicornes herbacées, tout à fait naines au début. Cet apport éolien joue un grand rôle dans la consolidation du cordon littoral[1]. Plus tard, la végétation s'établit plus complète, avec des buissons arbustifs, à mesure que le sol se relève sous forme de dune. La végétation est ainsi le point de départ de la dune.

Des graux (*gradus*) ou passages existent entre les theys : ce sont des ouvertures que le courant du fleuve maintient : tels étaient les graus de Piemanson, de Roustan, qui furent fermés en 1857 au moment de la construction des digues du Rhône. L'ingénieur Surell espérait, en fermant ces issues, augmenter le courant du fleuve dans la passe principale et rompre ainsi la barre qui formait un dangereux obstacle pour la navigation. La barre se reforma plus loin, sans que la situation fût améliorée.

C'est alors que fut créé le canal de Saint-Louis au Rhône, magnifique chenal aboutissant dans le golfe de Fos. Cette œuvre est compromise maintenant par le travail incessant du fleuve, qui a comblé en partie le golfe de Fos. Dans ces derniers temps, on a tenté de retarder l'invasion des dépôts en ouvrant les graus fermés en 1857. Il ne paraît point que les efforts faits pour détourner le fleuve de la voie directe qu'il suit depuis longtemps aient abouti. Un nouveau et vaste projet, dont l'étude est terminée,

[1] MM. Flahault et Combres. Observations sur la part qui revient au cordon littoral dans l'exhaussement actuel du delta du Rhône. *Bulletin de la Société languedocienne de géographie*, 1894, page 8.

paraît devoir apporter une solution plus complète : c'est celui du canal de Marseille au Rhône, à travers l'étang de Berre. Pour atteindre le Rhône, ce canal de navigation doit emprunter la dépression de l'ancien lit du Rhône connue sous le nom de *Bras mort.*

Tels sont les phénomènes d'atterrissement qui, pendant la durée des siècles, ont constitué le delta étendu du Rhône actuel. Les terres ont surgi peu à peu du domaine maritime par la réunion des theys qui, successivement, ont pris naissance aux embouchures du fleuve. La mer a façonné ces îlots en les disposant en forme de cordon littoral, de lignes de dunes, que la végétation a fixées progressivement, laissant persister en arrière des lagunes et des étangs salés que les débordements du fleuve venaient par moment colmater et exhausser. Par un phénomène commun dans toutes les parties basses des vallées, où la pente disparaît, ces crues avaient pour résultat l'exhaussement des berges du fleuve et de son lit, par le dépôt des sables les plus lourds que le courant ne pouvait charrier. L'encombrement du lit amenait des ruptures dans ces digues naturelles, entraînant les diramations du fleuve et sa division en branches multiples. L'action colmatante s'est portée toujours en avant par suite de ces digues naturelles, et l'extension du delta s'est surtout faite sur les points extrêmes : à l'ouest dans les temps anciens, à l'est au contraire durant la période historique. La région centrale est restée en dehors des apports colmatants, comme le montre l'existence du Vaccarès, et des étangs salés inférieurs qui en forment les dépendances jusqu'à la mer. L'endiguement naturel des bras du Rhône a d'ailleurs, depuis longtemps, subi des compléments artificiels de la part de l'homme. Avant même que le système des digues insubmersibles fût établi en 1857, le fleuve n'avait plus d'action sensible sur son delta intérieur, et il ne pouvait que fournir des éléments de consolidation pour le cordon littoral. Ces phénomènes sont classiques et bien connus des géologues; ils constituent l'histoire de tous les deltas dans les mers intérieures sans marées.

Les lignes de dunes que l'on rencontre jusqu'au sommet du delta montrent les positions occupées successivement par le littoral. Un de ces cordons littoraux anciens est particulièrement manifeste depuis Fos jusqu'à Aigues-Mortes en traversant le Vaccarès, où les radeaux boisés (dunes basses) du Riège en constituent les vestiges très accusés, orientés de l'Est à l'Ouest dans la direction du rivage.

La salure extrême des terres de Camargue s'explique aisément par leur mode de formation et surtout par l'aridité du climat. Les alluvions qui ont formé le delta ont été non seulement imprégnés d'eau de mer dans toute leur épaisseur, qui est considérable, mais encore cette eau s'est concentrée sur place, en arrière du cordon littoral, dans les lagunes, les étangs salés, les baisses, que des coups de mer remplissaient et que le climat aride desséchait. Le régime de vents secs (N. et N. O.) pendant une grande partie de l'année et l'insuffisance des pluies favorisent les phénomènes d'ascension capillaire, c'est-à-dire la formation des efflorescences salines ou *sansouïres.* A vrai dire, ces phénomènes d'évaporation justifient amplement à eux seuls la salure des terres, même dans les parties les plus anciennement émergées. C'est par l'aridité du climat que les terres salées de la Méditerranée diffèrent le plus des polders de l'Océan du Nord.

Depuis 1857, des digues élevées et continues ont été établies le long des bras du Rhône afin de préserver les terres riveraines contre les débordements du fleuve. Mais, bien avant cette construction, les berges avaient été endiguées plus ou moins complètement par les propriétaires des terres hautes, qui avaient beaucoup à gagner à cette protection. L'ensemble du pays, formé de terres basses, est depuis longtemps privé de l'influence délayante et colmatante des eaux douces. L'œuvre coûteuse des endiguements du Rhône demande un complément indispensable, c'est-à-dire un système général d'irrigation et de drainage. Ne doit-on pas considérer comme une anomalie des plus choquantes le voisinage immédiat des masses d'eaux douces qui se perdent depuis des siècles à la mer et qui entourent ce territoire salé où leur emploi est le seul remède pour faire cesser sa désolante aridité? Les débordements du fleuve, à côté de leurs inconvénients, avaient du moins cette heureuse influence d'élever le niveau des terres et de les débarrasser superficiellement du sel de temps à autre.

Au nord du delta, les terres atteignent le niveau élevé de 4 mètres au-dessus de la Méditerranée. Ce niveau se maintient sur une assez grande longueur le long des bras du fleuve, par suite des dépôts sablonneux qu'il a laissés sur ses berges au moment des crues. Ces sols, bien perméables et exempts de sel, sont naturellement les meilleurs de la Camargue. La carte de l'État-major figure en teinte claire la plupart des terres élevées, dont l'origine remonte ainsi aux colmatages les plus directs du Rhône ou de ses dérivations.

Au centre de la Camargue se trouve l'étang salé du Vaccarès, qui en forme la dépression principale. Le fond de sa cuvette est à 1 m. 20 au-dessous du niveau de la mer; sa surface est d'environ 6,480 hectares. Plane et basse comme une plage du côté ouest, la côte de cette petite mer intérieure est au contraire abrupte et découpée au nord et à l'est. Le Vaccarès est en communication avec les marais par des canaux d'écoulages ou égouts. Les marais reçoivent eux-mêmes les écoulages des terres de la Camargue moyenne et supérieure; leur superficie atteint environ 8,000 hectares. En hiver, le Vaccarès se remplit plus ou moins complètement, mais, vers le milieu de l'été, l'évaporation est généralement assez active pour le dessécher presque complètement, ainsi que les étangs salés inférieurs, moins profonds, qui en forment les dépendances jusqu'au cordon littoral actuel. La salure du Vaccarès est très forte; aussi toute cette surface desséchée se couvre-t-elle, l'été, d'une croûte cristalline d'un blanc éclatant. Les étangs inférieurs sont au niveau de la mer et étaient autrefois en communication permanente avec elle par des pertuis ou graus naturels, découpant le cordon sableux du littoral. La Méditerranée avait ainsi accès jusqu'au Vaccarès et remplissait sa cuvette lorsque son niveau s'élevait sous l'influence des vents du large. Les dunes du cordon littoral se sont trouvées gênées dans leur formation par ces incursions des eaux marines qui en rompaient les digues naissantes. La salure du Vaccarès ne pouvait que s'accroître dans ces conditions qui en faisaient un vaste marais salant. Une digue a été maintenant érigée en arrière de la plage, à travers les étangs inférieurs, pour empêcher cette pénétration des eaux marines et permettre d'utiliser la dépression du Vaccarès pour le drainage général des marais et des terres. Cet ouvrage s'étend sur une longueur d'environ 45 kilomètres, formant un levadon continu de 2 m. 20 de hauteur au-dessus de la mer, hauteur suffisante pour arrêter les eaux marines soulevées par les tempêtes du large. La digue à la mer est la seule chaussée ou route praticable à travers cette région sauvage et désolée de la basse Camargue. Dans les parties qui traversent les anciennes baisses ou lagunes faisant communiquer autrefois les étangs avec la mer, la digue est protégée par des remparts de pilotis et de fascines disposés pour empêcher l'action érosive des vagues. Une large issue fermée par des vannes permet de laisser écouler à la mer le trop-plein du Vaccarès et des étangs inférieurs. Cet ouvrage contribuera à affermir le cordon littoral en empêchant la circulation des eaux à travers les pertuis et les baisses qui étaient librement ouvertes vers la mer.

La digue à la mer a coûté 1,200,000 francs. Son entretien incombe au syndical des propriétaires de la Camargue, intéressés à maintenir l'intégrité des écoulages dans la cuvette du Vaccarès.

Nous aurons décrit sommairement l'aménagement des eaux dans la Camargue, en signalant les roubines qui la traversent en empruntant l'eau sur l'une ou l'autre des branches du fleuve, à travers les digues, pour desservir sur leurs parcours de nombreux domaines. Ces dérivations sont entretenues par des syndicats d'arrosages dont la création est fort ancienne. Mais le niveau auquel s'alimentent la plupart des roubines et la faible pente dont elles disposent ne permettent point d'utiliser ces dérivations pendant tout le cours de l'année. Lorsque les eaux du Rhône sont basses, beaucoup de ces prises sont à découvert; l'eau fait alors défaut, même pour l'alimentation des animaux.

Certains syndicats se sont reconstitués dans le but d'améliorer leurs prises et de les alimenter en basses eaux par de puissantes installations mécaniques établies contre les digues du Rhône. Beaucoup de propriétaires isolés ont eux-mêmes créé, pour la submersion des vignobles, l'établissement de rizières, l'irrigation des prairies, des dérivations importantes, capables de puiser en tout temps dans le Rhône.

Cet emploi abondant de l'eau est le seul remède à opposer au salant. Mais il n'est point sans inconvénient pour les propriétés voisines. Les eaux douces lancées dans les terres les lavent, mais en chassant dans le sous-sol les sels nuisibles. A défaut de drainages et d'écoulages convenables, ces eaux charrient le sel dans le sous-sol des domaines voisins, et cela dans un rayon souvent fort écarté. L'existence de sous-sols formés quelquefois de sables très perméables, recouverts par des alluvions argileuses, explique ces mouvements et ces déplacements d'eaux salées souterraines, dont l'ascension vient causer de graves dommages. Aussi peut-on dire que toute irrigation et submersion réclament, en Camargue, des drainages et des écoulages correspondants très parfaits. Lorsque le niveau des terres est insuffisant pour les obtenir par pente naturelle, il est nécessaire de creuser des fossés profonds dans lesquels peuvent se réunir les eaux salées provenant du lavage du terrain. Ces eaux sont reprises ensuite et élevées à un niveau supérieur pour être éliminées par des canaux de vidange aboutissant à la mer ou au Vaccarès.

Telle est l'installation de plusieurs domaines importants de la basse Camargue, installation qui a permis de mettre en valeur de vastes surfaces de terres basses occupées par des sansouïres, et qui sont à présent transformées en prairies irriguées ou en vignobles submergés. Mais l'irrigation, dans de telles conditions, est beaucoup plus onéreuse; c'est toutefois le seul moyen d'accroître la profondeur utile de terres salées dont le niveau n'est guère supérieur à celui de la mer.

Les cultures de la Camargue se résument en celles des céréales, des prairies naturelles et artificielles, enfin, et surtout, en celle des vignes. D'immenses espaces incultes occupés par la steppe salée, plaines de salsolacées et de sansouïres, servent à l'élevage des moutons, qui est assez important. Les manades de bœufs et de chevaux sauvages (races camarguaises) sont plus rares qu'autrefois et tendent à se réduire de plus en plus.

Les céréales sont réservées aux terres suffisamment élevées ou préalablement lavées et longtemps soumises à l'irrigation. Par l'emploi des engrais azotés, le blé atteint des rendements de 18 à 25 hectolitres au lieu de 10 à 15 sans fumures. Les prairies irriguées fournissent 8,000 à 10,000 kilogrammes de foin par hectare. Dans les années qui ne sont pas trop sèches, la luzerne, même en sol non irrigué, donne des récoltes rémunératrices, fait exceptionnel sous le climat de la Provence, où cette plante est toujours conduite à l'irrigation. Cette légumineuse tolère d'ailleurs la présence d'une faible proportion de sel.

L'établissement temporaire de rizières, essayé depuis longtemps en Camargue, doit être considéré comme un des moyens les plus rapides pour délaver les terres et les préparer à porter des prairies irriguées ou des vignes à la submersion. Deux années de maintien en rizières assurent ce résultat. Cette culture réclame, en effet, la présence constante d'une nappe d'eau pendant la durée de la croissance de la plante. Elle exige un nivellement préalable très soigné du terrain, car, au début, après l'ensemencement du riz, en avril ou mai, une couche d'eau très mince doit seulement recouvrir le sol pour favoriser la levée des grains, qui, mal assujettis dans le sol, pourraient être déplacés par le clapotement de l'eau sous l'influence du vent. Il importe aussi de laisser la terre s'échauffer. Lorsque la plante s'élève, on augmente progressivement, jusqu'à 0 m. 12 ou 0 m. 15, l'épaisseur de la tranche d'eau. On récolte en septembre de 20 à 40 hectolitres de grain non décortiqué, d'une valeur moyenne de 15 francs l'hectolitre [1].

Ainsi donc, la culture du riz fournit par elle-même un résultat rémunérateur, tout en permettant la transformation rapide d'un sol stérile en terres irrigables ou submersibles. Mais elle exige une excellente préparation du terrain, des nivellements, des fossés d'écoulage, des canaux d'amenée, etc., et de très grands volumes d'eau, distribués pendant la période la plus sèche de l'année. La création des rizières nécessite donc, dans les conditions actuelles du pays, un aménagement des eaux permettant d'en disposer abondamment, même en période de bas étiage du Rhône. Les riverains du Rhône ou les syndicats d'arrosants qui disposent d'installations mécaniques pour élever les eaux du fleuve peuvent seuls appliquer à leurs terres ce système si rationnel d'amélioration.

La culture de la vigne est le but vers lequel s'orientent les propriétaires de la Camargue. Une grande partie des dunes sableuses est occupée par cette plante. Les terres d'alluvion lui ont offert un milieu des plus prospères en appliquant la submersion, qui intervient à la fois pour annuler l'action phylloxérique et pour éloigner le sel.

Les vignes submergées et abondamment fumées arrivent en Camargue à d'énormes rendements, 100 hectolitres en moyenne sur beaucoup de domaines importants, mais parfois jusqu'à 200 hectolitres et plus encore sur quelques terres privilégiées. Le vignoble est constitué comme dans les plaines de l'Hérault avant l'invasion phylloxérique : il comporte en général la moitié en Aramon et l'autre moitié en Carignan et petit Bouschet. Ce sont là les cépages qui se comportent le mieux à la submersion. On y rencontre aussi assez fréquemment le Jacquez, qui supporte les terres faiblement salées. On plante, par suite, ce cépage dans les parties humides et basses.

Les vins de la Camargue sont peu alcooliques, mais d'une grande franchise de goût. C'est bien à tort qu'on les considère souvent comme inférieurs à ceux des plaines de la région méridionale dont, en réalité, ils ne diffèrent pas.

[1] *De la mise en culture des terrains salés*, J.-J. Bosc, dans le *Bas-Rhône*, août et octobre 1892.

Certaines années chaudes ont été défavorables à la vinification en provoquant des accidents de fermentation analogues à ceux qui se présentent souvent en Algérie et en Tunisie. Les progrès de l'œnologie auront raison de ces difficultés, d'ailleurs exceptionnelles.

Ainsi que les vignobles de plaines à production abondante, le vignoble de la Camargue est en mesure de traverser moins difficilement que d'autres la crise viticole actuelle, c'est-à-dire la dépréciation du prix des vins. Cependant de nombreux frais incombent aux propriétaires de cette région, dont la cote foncière est chargée de taxes spéciales pour l'entretien des travaux d'endiguement et d'arrosages. Les frais de culture de la vigne sont élevés dans ces terres limoneuses, qu'il faut constamment ameublir pour éviter l'évaporation et la remontée du salant. L'emploi des empaillages est souvent obligatoire dans le même but. Des fumures azotées copieuses sont indispensables pour accroître la fertilité du sol, pauvre en azote. Enfin la lutte contre les parasites cryptogamiques : oïdium, anthracnose et surtout mildew, nécessité de la part des viticulteurs des soins constants et onéreux, sans compter encore d'autres fléaux, spéciaux à la Camargue, tels que celui des sauterelles. Sous tous ces rapports, la Camargue est moins bien partagée que les plaines méridionales de l'Hérault et de l'Aude, dont les parties imprégnées de salant sont bien plus réduites.

Le climat de la Camargue est rigoureux : froid et humide l'hiver, alors que ses marais et ses étangs se remplissent; il devient, au contraire, chaud et aride en été. Les vents du Nord et du Nord-Ouest (mistral) règnent en maîtres sur ce territoire uniforme, et l'évaporation intense qu'ils provoquent ramène à la surface du sol le sel que les eaux pluviales ont éloigné temporairement. Les pluies sont d'ailleurs assez peu abondantes en Camargue, irrégulières, plus rares encore dans la basse que dans la haute Camargue. Si l'on consulte les tables pluviométriques des différentes localités de la Camargue, on verra que certaines années peuvent être considérées comme offrant un climat véritablement aride. La moyenne pluviométrique annuelle est inférieure à 0 m. 500, et l'on comprend l'influence capitale que crée ce régime d'insuffisance pluviale pour un territoire dont le sol est pénétré de sels nuisibles à la végétation.

Durant la période hivernale, les communications deviennent impraticables sur les chemins glaiseux, détrempés, qui, l'été, constituent d'excellentes pistes. L'horizontalité du sol masque jusqu'au dernier instant les obstacles, étangs salés, marais, canaux et roubines qui découpent le pays, sur lequel aucun point saillant n'apparaît; seuls les propriétaires connaissent les passages qui sont praticables suivant les saisons, dans cette steppe d'*enganes* et de marécages. Ces difficultés surgissent dès que l'on s'écarte des grandes voies de la circulation.

Quoique la culture de la vigne et l'extension des arrosages aient grandement modifié la Camargue, le pays reste néanmoins couvert d'immenses espaces de landes désertes, terres de parcours pour les troupeaux, dont la végétation est uniquement composée de *salicornes* ou *enganes* (*Salicornia fructicosa*, *macrostachya*, *sarmentosa*) auxquelles se mêle toujours, comme espèce dominante, l'*Atriplex portulacoïdes* (*fraumo* en provençal); çà et là, des espaces plus ou moins considérables, stérilisés par l'excès de sel, couverts d'efflorescences, s'étendent entre ces plantes. L'engane forme le fond des pacages où paissent les manades, les taureaux noirs et les chevaux blancs de Camargue [1].

[1] Ch. Flahault et P. Combres, Sur la flore de la Camargue et des alluvions du Rhône, *Bulletin de la Société botanique de France*, t. XLI, 12 janvier 1894, p. 42.

Au voisinage des mas, construits près des roubines, les ombrages apparaissent, grands et majestueux par contraste avec la maigre végétation du pays. Formés d'ormeaux, de frênes, de peupliers, d'aulnes, de saules et de platanes, ils constituent souvent de véritables oasis. Le sol salé est, en effet, un obstacle à la croissance des arbres, et ce n'est qu'au voisinage immédiat des digues du Rhône ou des roubines qu'ils peuvent atteindre un grand développement. Leur présence est donc un signe certain de la douceur du terrain. Seuls les tamaris supportent la présence du sel : encore n'atteignent-ils de fortes dimensions que là où la terre n'en est que peu chargée.

Par leurs vastes étendues de sansouïres, certaines parties de la Camargue rappellent l'aspect des plaines salées de l'Afrique du Nord, les sebkras de l'Oranais et de la Tunisie. L'atmosphère moins transparente, la planitude du sol plus uniforme sur de grands espaces, causent une impression plus morne encore que celle de ces déserts salés africains.

Par contre, les montilles couvertes de pins parasols, qui forment dans la petite Camargue les bois de Sylve-Real, du Clamadou, de Brasinvert, offrent des paysages d'une extrême élégance et en même temps le contraste d'une végétation puissante au milieu de launes salées et infertiles, marécageuses en hiver. A côté de cette espèce de pin, la plus gracieuse de toutes, se trouve le genévrier de Phénicie (genévrier morven), plus caractéristique de la flore de Camargue, et qui domine à l'état arbustif sur les dunes basses de Riège, au sud du Vaccarès. Plus haut en Camargue, à Badet, Icard, etc., existaient des montilles également boisées en pins pignons, maintenant nivelées et converties en vignobles. Quelques beaux spécimens de ces arbres, heureusement épargnés, signalent au loin la position du Mas de Badet.

Les aspects de la Camargue sont difficiles à décrire : ils sont essentiellement changeants et plus variés que ne le ferait supposer la planitude du pays. Le ciel et les jeux de lumière qu'il présente y créent surtout l'intérêt du paysage. Les surfaces réfléchissantes des étangs, celles des sansouïres blanchies par le sel, multiplient en effet cette image. Au lever et au coucher du soleil, la morne steppe salée se pare d'un éclat oriental en s'illuminant de toutes les teintes du ciel lui-même; mais ce brillant spectacle, qui contraste avec l'aridité du milieu, s'évanouit promptement. Pendant l'ardeur solaire, l'air surchauffé qui s'élève de la plaine trouble la limpidité de l'atmosphère; la vue des objets quelque peu éloignés devient indistincte et tremblante; du même fait résultent les illusions du mirage. La monotomie de la région se manifeste dans sa désolante intégrité sous un ciel couvert. Constitués d'impressions lumineuses intenses, mais fugitives, les aspects pittoresques de la Camargue sont, par suite, difficiles à fixer.

L'uniformité de la steppe disparaît le long des anciens cours du Rhône, transformés en canaux et en roselières; le sol lavé en profondeur y permet la croissance d'arbres magnifiques. Mais ces parties boisées sont exceptionnelles et ne représentent qu'une faible superficie par rapport à l'ensemble de la région.

La Camargue était autrefois très fiévreuse. Elle est maintenant bien améliorée sous ce rapport; les accidents paludéens y sont moins fréquents et moins graves qu'autrefois. Un fléau qui n'a pas diminué est celui des moustiques, surtout abondants en automne.

Deux lignes de chemin de fer permettent depuis peu l'accès facile du delta. L'une aboutit aux Saintes-Maries, l'autre dessert le Salin de Giraud. Ces voies sont extrêmement fréquentées, et l'on peut dire que leur établissement favorise grandement le développement agricole du pays. Grâce à ces facilités de communication, le village des Saintes, naguère l'un des plus isolés de France, est devenu le rendez-vous de villégiature d'Arles, dont les habitants viennent en foule occuper la plage pittoresque illustrée par le poème de Miréio.

La Camargue ne pourra toutefois tirer parti de son sol éminemment fertile que le jour ou un système général d'irrigations abondantes en permettra le lavage méthodique et l'irrigation complète.

COMPOSITION DES TERRES DE LA CAMARGUE.

Le cours torrentiel du Rhône se termine à 10 kilomètres au-dessous de Tarascon, et le fleuve, à 5 kilomètres au-dessus d'Arles, ne charrie plus que des sables et des limons. Les terres de la Camargue sont constituées par les matériaux fins résultant du travail d'érosion et de broyage mécanique que les glaciers des Alpes, ainsi que le fleuve et ses affluents, pour la plupart torrentiels comme lui, ont élaboré dans leur parcours. On ne trouve en Camargue aucune pierre, pas même des graviers, contraste bien frappant avec la plaine de Crau, voisine, si chargée de matériaux volumineux. La couleur des terres du delta est grise ou gris-jaunâtre. Les terres sont argilo-calcaires avec prédominance tantôt de limon, tantôt de sable. Elle ne laissent au tamisage que quelques coquilles terrestres et une faible proportion (0.2 à 1.5 p. 100) de débris organiques.

Au voisinage des bras actuels du Rhône ou de ses anciens lits, le sol est plus sableux et plus souple que dans l'intérieur de l'île. Mais ces alluvions sableuses forment des zones, même à distance considérable des bras actuels, accusant ainsi les diramations anciennes du fleuve. Les couches limoneuses et sableuses alternent d'ailleurs dans la profondeur du sol de la Camargue, marquant la nature et l'importance des crues. Les terres varient, en somme, d'une manière insensible, depuis l'alluvion souple jusqu'au terrain compact. Mais ces variations sont irrégulières, souvent assez tranchées pour des sols très voisins. Dans un grand domaine de Camargue, on peut, pour ces motifs, rencontrer la plupart des variétés de sols qui existent dans l'ensemble du delta.

A la formation fluviale et marine que nous avons esquissée dans le premier chapitre se joint en Camargue celle des dunes, dont l'origine est toujours dans les alluvions du Rhône, mais dont le mode de dépôt est bien différent. Les dunes sont les dépôts éoliens des sables triés par la mer et rejetés par elle sur le cordon littoral. Des dunes existent jusqu'au sommet du delta, mais elles sont beaucoup plus développées à sa base et particulièrement dans la région ouest et sud-ouest, aux environs des Saintes-Maries, dans la petite Camargue et jusqu'à Sylve-Real et Montcalm, à Aigues-Mortes surtout.

Les terres de Camargue peuvent être classées suivant ces deux modes distincts de formation.

Nous étudierons successivement : 1° les terres d'alluvions; 2° les dépôts éoliens ou dunes.

1. — Les terres d'alluvions de la Camargue.

Les analyses nombreuses qui figurent plus loin dans ce rapport montrent la grande uniformité de composition des sols d'alluvion de la Camargue. Cependant ces sols offrent une fertilité des plus inégales. La cause principale de ces inégalités est dans la présence ou l'absence du salant. Certains sols sont chargés de sels jusqu'à la surface, tandis que d'autres n'en renferment qu'à une profondeur assez grande. La fertilité des terres est presque directement proportionnelle à la profondeur de terre qui se trouve exempte de sels nuisibles. Les irrigations et les submersions éliminent, en lavant la couche arable, ces corps nuisibles. Elles les chassent dans les fossés de drainage et dans les couches du sous-sol. Par contre, l'évaporation superficielle, en activant les phénomènes capillaires, tend sans cesse à ramener ces corps solubles à la surface. Dans le chapitre spécial relatif à la nature du salant de la Camargue, nous étudierons plus complètement ces phénomènes. Nous devons rester à présent dans les généralités et incriminer surtout le sel marin, dont les terres du delta sont fortement imprégnées.

L'altitude des terres au-dessus du plan des écoulages artificiels ou naturels se trouve être, pour ces motifs, la condition prépondérante qui détermine la valeur agricole d'un sol. C'est à ce titre que la classification qui suit rend à peu près compte de l'aptitude culturale des terres du delta.

Au niveau de la mer, les sols dépourvus d'écoulages artificiels sont couverts d'efflorescences salines et ne portent aucune végétation, car les plantes à sel redoutent elles-mêmes un trop grand excès de ce corps. Dès que le niveau se relève un peu et que le lavage naturel peut s'effectuer sous l'influence des pluies, apparaissent les soudes ou salsolacées diverses, naines ou arborescentes, suivant l'abondance du sel. Ce sont les pâturages à enganes, coupés de sansouïres, qui couvrent en Camargue d'immenses étendues.

A o m. 50 au-dessus des écoulages, on ne peut guère obtenir que des roseaux, triangles et autres plantes marécageuses, fournissant des litières ou des empaillages recherchés pour l'exploitation de terres cultivées.

De o m. 50 à 1 mètre apparaissent les prés palustres à fourrages très médiocres.

De 1 mètre à 1 m. 50, les céréales et les fourrages blancs réussissent assez bien. La réussite de toutes les cultures devient entière à la cote de 2 mètres. Au-dessus de ce niveau figurent les meilleures terres de la Camargue. Cette classification serait tout à fait exacte, si toutes les terres du delta jouissaient d'écoulages directs correspondant à leur cote d'altitude. Il n'en est pas ainsi en réalité, car les pentes sont si faibles que les fossés de drainages ne suffisent point à écouler les eaux issues des terrains, et nombre de terres qui se trouvent à des niveaux favorables sont insuffisamment drainées. Toutefois cette notion de la valeur des terres proportionnelle à leur altitude est néanmoins exacte pour l'ensemble de la région.

Dès que le sel est éliminé sur une tranche de terrain de o m. 50 à o m. 60 de profondeur, on obtient en Camargue des terres éminemment fertiles là où régnait auparavant la lande salée. Les terres comprises entre les digues et le fleuve, qui sont restées exposées aux inondations périodiques et ont pu subir un dessalement profond, *les ségonneaux*, montrent par leur admirable fécondité ce que seraient toutes les terres du delta si les corps nuisibles qui les imprègnent pouvaient être définitivement écartés.

Une élimination complète est évidemment impossible, même pour les terres élevées de la Camargue, la profondeur des couches du sous-sol étant considérable et ces couches se trouvant imprégnées dans toute leur masse. Sous l'effet de la capillarité, le sel renfermé dans les couches profondes tend sans cesse à remonter à la surface. Mais, dès que les sols sont à un niveau convenable, cette ascension est combattue par le refoulement des eaux pluviales annuelles. L'ameublissement constant du terrain, en favorisant l'absorption des eaux météoriques et en retardant l'évaporation superficielle, produit aussi le refoulement de la nappe salée du sous-sol. L'application d'empaillages sur le sol suspend ou retarde l'évaporation et conduit au même résultat.

Tels sont les moyens dont disposent les propriétaires de Camargue pour lutter contre le milieu salé où s'exerce leur activité. C'est par un travail opiniâtre qu'ils réussissent à préserver les cultures de la remontée du salant, toujours menaçante, au moindre relâchement des façons culturales. Une bonne terre, abandonnée pendant quelques années, devient en Camargue terre salée et perd une grande partie de sa valeur.

Il fallait rappeler ces particularités des sols du delta avant d'examiner leur constitution chimique et physique qui se trouve tout à fait dominée par cette question du salant.

Les limons du Rhône qui ont constitué la Camargue sont plus sableux que ceux de la Durance et, par suite, beaucoup plus favorables que ces derniers au point de vue physique. Ils sont riches en débris de roches primitives, feldspaths, micas, arrachés aux pentes des Alpes, broyés par les glaciers, et offrent de ce fait une très grande teneur en potasse soluble dans les acides et en potasse insoluble. A l'égard de cet élément de fertilité, les sols de la vallée du Rhône doivent être considérés comme inépuisables. Le tableau qui suit renferme les analyses de 23 terres du delta du Rhône appartenant à la catégorie des sols alluviaux. J'ai ajouté sous les numéros 24 à 26 les analyses de trois terres recueillies hors de Camargue, dans les anciens marais desséchés d'Arles, mais dépendant toujours des formations du Rhône et de la Durance.

Dans cette série d'analyses se trouvent des terres salées et non salées. L'espace ne permettant pas de mentionner dans le tableau des analyses les désignations de chacune des terres étudiées, nous avons porté ces indications dans la liste qui suit :

Désignations des sols alluviaux de la Camargue dont l'analyse chimique et physique figure sous les numéros correspondants dans les tableaux I et II.

1\. — Basse Camargue, Faraman, clos de la vigie. Terre soumise au lavage préalable par l'établissement de rizières, submergée depuis 1887 et cultivée en vignes. L'échantillon correspond à une couche de 0 m. 40 d'épaisseur; il a été pris dans un point où la vigne est très vigoureuse et où le terrain, sol et sous-sol, est meuble et friable.

2\. — Même clos que le précédent; échantillon pris dans un point voisin où la végétation fait défaut et où le sol, huit jours après la submersion, est très compact.

3\. — Basse Camargue, domaine de Belugue. Échantillon pris sur une terre à céréales cultivée depuis plusieurs années et jamais arrosée. Sol et sous-sol friables. L'échantillon correspond à une couche de 0 m. 40. Le clos où il a été pris est situé près du chemin allant de Faraman à Tourvieille.

4. — Même domaine que le numéro précédent. Échantillon pris sur une couche de o m. 40 dans un terre vierge voisine, couverte d'enganes peu vigoureux.

5. — Basse Camargue, domaine de Gouïne. Échantillon pris sur une sansouïre n'offrant aucune trace de végétation, près la voie ferrée dans la direction de Faraman. Sol compact; couche de o m. 40.

6. — Même domaine que le précédent échantillon pris à 15 mètres de distance dans un point recouvert de joncs, graminées et mousses. Terre vierge non arrosée; couche de o m. 40.

Ces six premiers échantillons ont été recueillis par M. de Laroque, professeur d'agriculture des Bouches-du-Rhône.

7. — Camargue moyenne. Mas d'Alivon, près du petit Rhône. Échantillon pris sur o m. 45 d'épaisseur dans une vigne submergée en terrain d'alluvion assez fort n'offrant aucune tache de salant. Vignes superbes.

8. — Même domaine, terre haute contre la digue du Rhône; sol léger, sableux, complanté en vignes traitées par le sulfure de carbone. Couche de o m. 40 d'épaisseur.

9. — Haute Camargue. Mas de Roy, au sommet du coude du petit Rhône. Vigne de la Chaussée, attaquée par le phylloxéra en 1871 et submergée. Première application de la submersion en Camargue. Type d'alluvion souple, couche de o m. 40 d'épaisseur.

10. — Même domaine. Terre dite du Salant, alluvion moyenne plutôt souple. L'échantillon a été pris dans une partie où la vigne est belle. Couche de o m. 40 d'épaisseur.

11. — Sous-sol du n° 10, couche de o m. 40 à o m. 80.

12. — Même domaine et même clos, vignes également belles, couche de o m. 40.

13. — Petit plan du Bourg. Mas de la Ville. Alluvion compacte au nord de la machine. Échantillon pris sur une profondeur de o m. 40 dans une vigne submergée superbe.

14. — Même domaine; alluvion de moyenne consistance; couche de o m. 40. Aramons submergés très beaux.

15. — Même domaine. Alluvion légère sablonneuse au midi du clos de la machine. Vignes submergées magnifiques. Couche de o m. 45 d'épaisseur.

16. — Grand plan du Bourg. Mas Thibert; sol argileux de moyenne consistance.

17. — Petit plan du Bourg. Mas de la Ville; clos situé près de la route, salé et sans végétation, soumis depuis au drainage. Couche de o m. 50.

18. — Mas de Roy. Terre dite du Salant. Partie la plus salée, plantée en vigne et submergée depuis 1878, sans végétation. Couche de o m. 40.

19. — Marais de Faraman. Couche argileuse supérieure d'une épaisseur de o m. 20 à o m. 30.

20. — Marais de Faraman. Couche sableuse recueillie au-dessous de la couche précédente.

21. — Aigues-Mortes. Port Viel. Terres hautes de marais, très peu fumées, à o m. 80 d'altitude au-dessus de la mer, ayant porté du blé et de l'avoine en cultures alternées avec jachère. Couche de o m. 40.

Zone de contact des limons du Rhône et de ceux du Vistre et du Vidourle (propriété Louis Gros).

22. — Même domaine. Terres salées de marais à o m. 20 au-dessus du niveau de la mer. Couche de o m. 40.

23. — Même domaine. Marais et marécages, roseaux et triangles presque au niveau de la mer, avec eaux saumâtres.

24. — Anciens marais désséchés d'Arles, près Montmajour, Mas de la Forêt. Clos de cinsaut submergé. Couche de o m. 40 (propriété de M. de Divonne).

25. — Même domaine. Pièce submergée *Esperalonga*. Couche de o m. 40.

26. — Même domaine. Cadenet, vigne submergée de 50 hectares en Morastel. Couche de o m. 40.

Ces trois derniers échantillons sont formés de terres fortes dépendant plutôt des alluvions de la Durance que de celles du Rhône. Elles portent de magnifiques et importantes plantations de vignes.

TABLEAU I. — COMPOSITION DES SOLS ALLUVIAUX

DÉSIGNATIONS.	NUMÉROS DES											
	1	2	3	4	5	6	7	8	9	10	11	12
Azote	0,088	0,078	0,132	0,106	0,068	0,110	0,096	0,085	0,130	0,087	0,081	0,133
Acide phosphorique	0,159	0.160	0,169	0,155	0,145	0,145	0,153	0,139	0,140	0,160	0,147	0,150
Acide phosphorique	0,090	0,085	0,078	0,089	0,098	0,051	0,066	0,025	0,040	0,065	0,070	0,068
Potasse soluble acides	0,224	0,212	0,419	0,760	0,545	0,290	0,418	0,224	0,183	0,217	0,249	0,298
Potasse inattaquable	1,700	1,650	"	"	"	1,410	"	1,610	"	"	"	"
Soude soluble-acides	0,070	0,118	0,141	0,689	1,097	0,242	0,110	0,093	0,037	0,059	0,068	0,070
Magnésie	1,136	0,944	1,048	1,387	1,106	1,162	1,228	1,518	0,875	0,940	1,080	1,039
Carbonate de chaux	31,870	33,59	32,60	34,50	33,87	33,97	31,85	32,40	24,20	25,21	32,75	32,22
Alumine	2,210	2,854	6,450	4,02	2,14	1,95	5,96	3,945	5,67	5,30	6,28	5,98
Oxyde de fer	3,09	2,746		2,99	3,32	2,33						
Chlore	0,009	0,044	0,040	0,661	1,766	0,202	0,030	"	"	"	0,008	0,010
Silicates insolubles et silice insoluble	57,92	56,62	52,500	47,42	44,09	53,66	53,12	56,76	64,76	63,92	54,45	52,92

DE LA CAMARGUE POUR 100 DE TERRE SÈCHE.

ÉCHANTILLONS.

13	14	15	16	17	18	19	20	21	22	23	24	25	26
0,082	0,128	0,058	0,113	0,037	0,081	0,142	0,032	0,150	0,150	0,114	0,130	0,172	0,189
0,133	0,140	0,145	0,140	0,125	0,135	0,160	0,153	0,099	0,108	0,125	0,143	0,138	0,144
0,070	0,050	0,040	"	0,098	0,094	0,068	0,040	0,030	0,065	0,040	0,082	0,090	0,092
0,412	0,308	0,268	0,255	0,210	0,278	0,429	0,152	0,374	0,472	0,547	0,437	0,490	0,525
"	"	"	"	"	"	"	"	"	"	"	"	1,680	"
0,133	0,072	0,070	"	0,322	0,373	0,192	0,127	0,184	1,005	0,193	0,118	0,114	0,104
1,510	1,107	1,104	"	1,201	1,065	1,013	0,992	1,046	1,096	0,974	1,104	1,042	1,065
35,85	29,80	33,75	32,50	31,92	32,14	30,95	25,60	34,86	32,90	38,62	33,70	34,70	36,40
5,92	6,01	5,70	"	5,42	5,25	7,79	4,32	6,01	7,98	5,70	8,18	8,13	8,48
0,030	"	"	0,031	0,042	0,668	0,154	0,110	0,040	1,323	0,088	"	"	"
46,21	53,15	52,95	"	57,32	54,38	54,22	66,22	49,28	42,42	42,11	46,55	46,02	44,25

TABLEAU II. — ANALYSES PHYSIQUES DE QUELQUES SOLS ALLUVIAUX DE LA CAMARGUE.

N°				
N° 1	Sable	56.55	siliceux	38.55 p. 100.
			calcaire	16.99
			débris organiques	1.01
	Impalpable	43.45	siliceux	24,14
			argile et humus	4.40
			calcaire	14.90
N° 2	Sable	54.72	siliceux	32.95
			calcaire	20.62
			débris organiques	1,15
	Impalpable	45.28	siliceux	27.40
			argile et humus	4.60
			calcaire	13.28
N° 3	Sable	22.04	siliceux	15.52
			calcaire	5.47
			débris organiques	1.05
	Impalpable	77.96	siliceux	45.63
			argile et humus	5.30
			calcaire	27.03
N° 4	Sable	4.35	siliceux	2.57
			calcaire	1.60
			débris organiques	0.18
	Impalpable	95.65	siliceux	56.14
			argile et humus	6.84
			calcaire	32.67
N° 5	Sable	26.64	siliceux	16.94
			calcaire	8,33
			débris organiques	0,37
	Impalpable	74.36	siliceux	44.10
			argile et humus	5.45
			calcaire	24.81
N° 6	Sable	29.33	siliceux	19.12
			calcaire	9.32
			débris organiques	0,89
	Impalpable	70.67	siliceux	41.23
			argile et humus	5.04
			calcaire	24.40
N° 16	Sable	48.95	siliceux	31.90
			calcaire	15.73
			débris organiques	1.32
	Impalpable	51.05	siliceux	27.60
			argile et humus	6.48
			calcaire	16.97
N° 25	Sable	24.40	siliceux	13.50
			calcaire	9.30
			débris organiques	1.60
	Impalpable	75.50	siliceux	40.40
			argile et humus	8.40
			calcaire	26.80

L'examen du tableau I met en évidence la teneur assez élevée et très uniforme des sols alluviaux de la Camargue en acide phosphorique, confirmant ainsi une observation ancienne de M. Paul de Gasparin au sujet de la grande constance de répartition de cet agent primordial dans les terrains de même formation. La proportion moyenne atteint presque 1 gr. 1/2 par kilogamme de terre, chiffre sensiblement supérieur à celui reconnu par nous dans les limons de la Durance. D'un avis unanime, les irrigateurs considèrent les limons du Rhône comme bien supérieurs à ceux de la Durance, et cette opinion est justifiée non seulement par leur nature physique moins compacte et plus sableuse, mais aussi, on le voit, par leur richesse supérieure en acide phosphorique.

Nous avons signalé plus haut l'abondance de la potasse. La proportion de ce corps soluble dans les acides dépasse le plus souvent 2 grammes par kilogramme. Sur les terres encore salées ou qui viennent de subir le lavage, elle atteint 4 et 5 grammes. Si on ajoute que ce même agent existe en proportion considérable, variant de 14 à 17 grammes par kilogramme, dans la partie des silicates insolubles dans les acides, on sera renseigné sur l'inutilité absolue des fumures potassiques. Ce fait important n'est pas assez connu des propriétaires de la Camargue, qui souvent et bien à tort emploient des engrais potassiques, notamment du sulfate de potasse, car le chlorure a été reconnu nuisible. Par quelques expériences de fumures comparatives avec et sans potasse, les propriétaires pourront bien facilement vérifier le fait que cet agent de fertilisation ne manque pas dans leurs terres et que son emploi constitue une dépense en pure perte. Nous verrons plus loin que, même dans les sables peu argileux dont la richesse en potasse soluble dans les acides est souvent faible, la justification dont nous parlons a été fournie avec toute évidence.

L'azote est moins bien représenté que les corps précédents; son titre varie dans les terres dans des limites très étendues. Les sols vierges en renferment généralement moins de 1 gramme par kilogramme. Le taux est encore plus faible dans les terrains salés où la végétation spontanée fait défaut. Il s'élève, au contraire, dans les terres cultivées et dans les anciens marais. On peut dire que l'emploi des fumures azotées règle en Camargue la production du sol partout où le sel n'intervient pas pour nuire aux cultures. Paul de Gasparin avait signalé autrefois cette remarquable utilisation des fumures azotées en Camargue, et il en attribuait la cause à l'influence du sel qui « neutraliserait la disposition des pores de l'argile à absorber et à conserver la partie active de l'engrais à l'état latent »[1]. Une telle hypothèse n'est guère admissible, car on sait que la présence du sel empêche la nitrification et nuit ainsi à l'emploi des fumures azotées[2]. Ces dernières marquent promptement et proportionnellement à leur abondance dans les terres bien lavées de Camargue, simplement parce que ces sols sont, d'autre part, abondamment pourvus en potasse et en acide phosphorique, condition fondamentale qui permet aux fumures azotées de produire leur maximum d'effet. Les meilleures conditions se trouvent d'ailleurs réunies une fois ce lavage opéré pour assurer leur rapide nitrification : les terres sont calcaires, en général bien perméables, fortement ameublies par des labours constants appliqués pour combattre les effets de la capillarité. Enfin, suivant la remarque que nous en avons faite dans notre précé-

[1] P. de Gasparin, *Comptes rendus de l'Académie des sciences*, 1851, t. 32, p. 696.

[2] *Recherches sur la décomposition des matières organiques.* Docteur Wolny, mémoire reproduit dans les *Annales de la science agronomique*, 1891, t. II, p. 298.

dent travail, à propos des limons de la Durance, l'azote renfermé dans les limons doit être considéré comme difficilement assimilable, de telle sorte que c'est bien cet élément qui manque surtout aux terres du delta et dont, par suite, l'apport artificiel est le plus indispensable aux cultures.

Les engrais organiques, fumiers, tourteaux, chiffons de laine, etc., qui divisent le sol, sont spécialement à recommander, parce qu'ils contribuent à réduire sa continuité et à diminuer par suite sa capillarité. Les empaillages dont on garnit les terres, afin d'empêcher leur évaporation rapide qui facilite la remontée du salant, apportent aux terres de l'azote et surtout de la matière organique qui fait défaut dans les limons de la Durance et du Rhône. L'humus est si rare dans les terres de Camargue que, mises en contact avec des solutions alcalines qui dissolvent ce corps, elles fournissent des liquides généralement incolores. Seules les terres formées d'anciens marais offrent une teneur notable en humus et colorent un peu ces solutions. L'un des engrais les plus répandus en Camargue et qui y produit d'excellents résultats est le tourteau de sésame, qui renferme 6.5 p. 100 d'azote en moyenne. On utilise aussi avec grand avantage la cornaille, les chiffons de laine, le nitrate de soude dont l'emploi n'est toutefois à conseiller que sur les terres bien lavées et assez argileuses.

Les sols de Camargue contiennent de petites proportions d'acide sulfurique, d'autant plus qu'elles sont plus salées.

Peut-être devrait-on recommander le plâtrage, mais plutôt comme agent physique que comme agent chimique. Nous reviendrons d'ailleurs ultérieurement sur cet emploi du plâtre en parlant du salant alcalin. Il nous paraît que cet agent peut intervenir avec utilité à la fin du dessalement des terres, après l'établissement des rizières, par exemple, car l'argile du sol a une tendance à foisonner lorsque le sel marin disparaît, et il existe une période critique où les sols ainsi délavés deviennent, de ce fait, durs et compacts. Le plâtre ajouté à ce moment maintiendrait la coagulation de l'argile et assurerait ainsi sans entrave la fin du dessalement. Peut-être les taches salées dites réfractaires, ou du moins certaines d'entre elles, qui se maintiennent malgré les submersions répétées chaque année, pourraient-elles céder par l'emploi continu et assez abondant du plâtre. La dureté du terrain est un caractère assez constant de ces tâches mauvaises et il semble qu'elle contribue beaucoup à empêcher le lavage du sous-sol, qui le plus souvent en est assez fortement salé. Nous ne pouvons, toutefois, apporter encore aucune vérification pratique du bien fondé de cette opération. Mais, comme l'expérience en est facile et peu coûteuse, nous croyons devoir à tout hasard la recommander à titre d'essai aux propriétaires.

Les terres du delta sont toutes bien pourvues de magnésie. Les terres salées sont très riches en sels magnésiens et certaines d'entre elles en chlorure de magnésium.

Le tableau n° II renferme l'analyse physique de sept terres de la Camargue et d'une terre des anciens marais d'Arles, déjà mentionnées à l'égard de leur analyse chimique dans le tableau I. On voit, d'après l'examen des chiffres de ces analyses, que la ténacité et la compacité de certains sols de la Camargue tiennent plutôt à l'extrême ténuité des éléments dont elles sont formées qu'à l'abondance de l'argile vraie. Le lot siliceux impalpable y est souvent considérable, et l'on sait qu'il joue à peu près le même rôle que l'argile. D'ailleurs le lot sableux non impalpable est lui-même, dans ces terres, formé de grains fins et agit aussi sur la consistance du sol, de telle sorte que les résultats présentés par les analyses ne sont guère comparables à ceux qu'offrent des terres ordinaires où le lot sableux est grossier.

Les terres fortes de Camargue qui renferment jusqu'à 95 p. 100 d'impalpable sont naturellement les plus difficiles à laver, c'est-à-dire à dessaler. Les sols souples et friables répondent à une teneur de 50 à 60 p. 100 d'impalpable.

En résumé, l'analyse chimique montre que les sols alluviaux de la Camargue réclament impérieusement l'emploi de fumures azotées abondantes et soutenues. Ce sont ces fumures qui règlent, en quelque sorte, la productivité du sol. Les terres vierges sont sous ce rapport aussi exigeantes, sinon davantage, que les terres depuis longtemps cultivées.

L'acide phosphorique est assez bien représenté dans les terres du delta. Il semble cependant nécessaire de recourir aux engrais phosphatés, surtout aux superphosphates, quoiqu'on puisse penser que, dans les terres profondément dessalées, la masse de cet agent mise à la disposition des racines n'impose pas peut-être une obligation rigoureuse de restitution. Des expériences de culture seraient indispensables pour fixer ce point délicat.

Les engrais potassiques paraissent tout à fait superflus. Dans les terres nouvellement dessalées, la potasse soluble dans les acides est en quantités énormes. Cet excès s'élimine assez vite, mais les terres restent néanmoins bien pourvues en potasse attaquable. Elles contiennent une réserve immense de potasse inattaquable.

Les fumures azotées organiques paraissent les mieux adaptées à la nature du sol dont on doit, autant que possible, augmenter la perméabilité pour diminuer les effets de la remontée du salant.

La fertilité des terres de la Camargue dépend essentiellement de l'épaisseur de la couche arable débarrassée des sels nuisibles. L'emploi des fumures est sans effet sur des sols insuffisamment dépouillés de l'élément nuisible qui les pénètre.

2. — Dépôts éoliens ou dunes du delta du Rhône.

Le mode de formation des dunes maritimes est bien connu : sur la partie desséchée de la plage marine, les grains de sable, légers et mobiles, sont entraînés par les vents du large et viennent former en arrière du rivage des monticules offrant la configuration d'une suite de vagues, de hauteurs croissantes, dont les crêtes se déplacent peu à peu sous l'effet des vents dominants. Ce transfert aérien des sables prend de grandes proportions sur les plages océaniennes qui, à marée basse, laissent à découvert de vastes espaces de sables siliceux arides. Les vents dominants sont ceux de l'Ouest, qui poussent les sables dans l'intérieur des terres, faisant progresser les dunes. Elles ont enseveli sous leurs masses des territoires cultivés, des villages, jusqu'au jour où l'ingénieur Brémontier imagina, en 1780, de limiter leurs empiètements en les fixant d'une manière durable par les plantations de pins maritimes (*Pinus pinaster*).

Les dunes méditerranéennes de la Provence et du Languedoc sont loin de présenter l'importance de celles des Landes et de la Gascogne. Leur structure est aussi bien moins régulière. Elles ne dépassent guère 7 à 8 mètres de hauteur, tandis que les dunes océaniennes atteignent jusqu'à dix fois la valeur de ces chiffres. La Méditerranée, dépourvue de marées sensibles, ne crée pas en effet des plages d'une étendue comparable à celles de l'Océan. De plus, les vents du Nord-Ouest et du Nord, qui dominent dans les plaines méridionales, écartent les sables de la terre au lieu de les y pousser; ils exercent sur la dune en formation une action destructive manifeste.

Cependant tout le littoral, depuis Fos jusqu'à Agde, est occupé par des dunes, souvent réduites, mais occupant d'autres fois plusieurs kilomètres de profondeur. Malgré des conditions de formation peu favorables, elles prennent naissance et se maintiennent grâce à la végétation qui les recouvre assez rapidement. Les dunes en formation sont occupées par de maigres pâtis formés par diverses variétés de joncs, de plantes herbacées, d'arbrisseaux de petite taille. Dans leur beau et important mémoire sur la flore de la Camargue et des alluvions du Rhône, MM. Flahault et Combres ont dressé une liste étendue des plantes qui contribuent le plus activement à la formation des dunes de la Camargue; ils ont montré le rôle important de la végétation naturelle pour la fixation des sables et la consolidation du cordon littoral dans sa partie encore immergée. « Non seulement, disent-ils, les dunes se maintiennent partout où les eaux de la mer ne réussissent pas à les reprendre aussitôt après les avoir formées (en pénétrant dans les baisses), mais encore leur stabilité nous semble très digne d'être citée [1]. » Pour une part importante, sans doute, cette végétation spontanée, qui s'établit dans les dunes méditerranéennes et qui réussit à les immobiliser, dépend de la nature même des sables, plus fertiles que ceux de l'Océan, quoique placés sous un climat plus aride et moins favorable à la croissance rapide des végétaux. Tandis que les sables des Landes sont siliceux et très pauvres, ceux des cordons littéraux de la Méditerranée, formés par les alluvions du Rhône, sont calcaires et bien pourvus en acide phosphorique.

En arrière des dunes en formation s'étendent, sur de grandes longueurs et presque intacts, des cordons littoraux plus anciens, tels que celui de la Sylve Godesque, dont la longueur est d'environ 20 kilomètres. D'autres ont été coupés et morcelés par d'anciens bras du Rhône, encore marqués par des dépressions, launes ou baisses, qui s'étendent vers la mer.

Ailleurs, des altérations plus profondes n'ont laissé que des témoins épars, comme les montilles de Badet, d'Icard, des Frignans et de la Vignolle, et plus au Nord, les montilles du Mas de Roy, du Mas de la Ville, etc. La suite des radeaux des Rièges constitue un alignement bien net se rattachant à Fos et à la petite Camargue. L'histoire de ces cordons littoraux anciens a été tracée avec précision par Émilien Dumas, et l'on peut consulter avec fruit la carte publiée en 1850 par cet éminent géologue. Plus tard, MM. Charles Martins et Ch. Lentheric ont illustré et popularisé cette même région par leurs descriptions [2].

Les sables s'accumulent en abondance sur la pointe de l'Espiguette et sur le littoral compris entre les Saintes-Maries et le Grau du Roi. C'est en arrière de cette zone qu'existent les dunes les plus importantes et les plus profondes de la Camargue. La plupart sont comprises dans la petite Camargue, au quartier du Sauvage, Brasinvert, le Clamadou, Sylve-Real, Montcalm. Beaucoup d'entre elles ont été détruites, c'est-à-dire

(1) Flahault et Combres, *loc. cit.*, p. 48-49.

(2) Émilien Dumas, Carte géologique du Gard, arrondissement de Nîmes au 86,400e, 1850, *Statistique géologique du Gard*, 2e partie, 1876, p. 642 à 694. — Ch. Martins, Mémoire sur la topographie des environs d'Aigues-Mortes. (*Revue des sciences naturelles de Montpellier, 1874*). — Ch. Lentheric, *Les villes mortes du golfe de Lyon*, 1883.

nivelées pour la culture de la vigne, notamment celles de Montcalm et du territoire d'Aigues-Mortes. Il ne reste au nord d'Aigues-Mortes que quelques hautes dunes boisées à Corbières. Les dunes sont, au contraire, à peu près complètes et magnifiquement boisées en pins pignons à l'est de l'Espiguette. Ce sont les pinèdes curieuses de Sylve Réal, du Clamadou, de Brasinvert, formées de montilles de cinq à sept mètres d'élévation, séparées par de vastes launes ou baisses, marécageuses et saumâtres. A côté du pin parasol, dont la végétation élégante et puissante caractérise toutes ces montilles, existe en abondance le genévrier de Phénicie (*Juniperus phœnicea*).

D'après M. Lentheric la formation de ces dunes remonterait à une époque antérieure à l'ère chrétienne. « Ce sont bien, disent MM. Flahault et Combres, des dunes fossiles ayant conservé leur forme première : autour d'elles sont d'anciennes sansouïres encore peuplées comme les sansouïres actuelles ou légèrement dessalées et plus herbeuses. » Ces dunes boisées brisent les vents du Nord et du Nord-Ouest et protègent la dune littorale en formation.

Du même âge sont les dunes des Rièges, aux confins du Vaccarès et des étangs inférieurs. On ne peut les atteindre qu'en traversant plusieurs kilomètres d'étangs salés peu profonds (gazes) ou de vastes étendues de plaines salées recouvertes d'une croûte cristalline éblouissante. « De bien loin, une ligne ondulée d'un vert sombre montre le but; mais, dans ce paysage étrange où l'eau, le ciel et la terre semblent confondus, le mirage donne l'illusion de réalités, et la réalité ressemble à un mirage. L'horizon forme une ligne incertaine et tremblante; tout vibre dans cette éclatante lumière de la plaine sans limites, comme sur les bords des chotts de l'Afrique que nous rappellent ces rives du Vaccarès. Mais la brise nous apporte des odeurs balsamiques qui ne sauraient tromper; ce n'est plus le mirage, mais bien les chaudes essences de plantes parfumées. On atteint bientôt la ligne continue des radeaux, petits ou grands, interrompus seulement par les gazes du Vaccarès. Leur forme même et leur orientation ne sauraient laisser de doute sur leur origine; orientés dans la direction Est-Ouest, ils forment une ligne parallèle au rivage actuel.

« La physionomie des Rièges est bien différente de celle de la Sylve-Réal. Ici les dunes sont basses (à peine 2 mètres); le pin pignon, qui donne leur nom et leur physionomie aux pinèdes de la petite Camargue, n'existe pas aux Rièges. La végétation forme un maquis presque partout impénétrable de genévriers de Phénicie, de lentisques, de phillyréas, d'alaternes et de tamaris; les genévriers de Phénicie y atteignent de 6 à 8 mètres de haut et plusieurs dépassent deux mètres de circonférence. On parvient à se frayer un chemin sur la piste des bœufs sauvages qu'on a parqués jadis sur les Rièges; leurs squelettes et les restes de divers animaux sauvages, blanchis par le temps, donnent l'illusion de terres perdues bien loin de toute civilisation[1]. »

Les dunes des Rièges ne sont guère accessibles; il faut les aborder par les étangs inférieurs ou du côté de la pointe de Mornès. C'est assurément l'une des parties les moins connues de la Camargue. Nous ne pouvions mieux faire que d'en emprunter la description aux savants botanistes de Montpellier, qui ont su la rendre si exacte et si vivante.

C'est une grave erreur de penser que les sables maigres des dunes n'ont été appréciés comme sols agricoles qu'au moment où leur immunité phylloxérique a été nettement

[1] Flahault et Combres, *loc. cit.*, p. 52-53.

établie. Aux environs d'Aigues-Mortes, c'était bien dans les sables que l'on avait établi la plupart des cultures du pays, mûriers, garances, vignes, etc. On savait immobiliser les sables par l'enjonçage. Mais on n'exploitait que les environs de la ville, et le reste était couvert de dunes boisées formant un cadre magnifique à l'ancienne ville féodale. Bien avant l'apparition du phylloxéra, la vigne prospérait dans ce milieu. C'est ainsi qu'en 1842 la Compagnie des canaux de Beaucaire et des bassins du Scamandre et du Leran cultivait à Daladel un vignoble de 80 hectares, étendue importante pour cette époque. L'absence de routes ne permettant pas le transport des vins, une distillerie créée par l'exploitation les transformait en alcool.

Il serait facile de citer d'autres faits montrant que la vigne était exploitée avec profit dans les sables. On peut encore voir à Montcalm des vignes presque centenaires. Il y a peu d'années, on a arraché à Corbières un vignoble planté en 1830. La vigne occupait donc des espaces notables dans les sables de dunes, mais, vers 1851, les vignobles furent en quelques années ravagés par l'oïdium et cette culture disparut presque, comme partout, sous l'influence de ce fléau.

Lorsque l'emploi du soufre fut connu, chaudement propagé par la Société de viticulture de l'Hérault notamment, les habitants d'Aigues-Mortes replantèrent des vignes, mais assez timidement au début. En 1872, alors que les ravages phylloxériques causaient des ruines immenses dans le Gard et dans l'Hérault, on observa la bonne tenue des vignes dans les sables purs, maigres et mouvants, tandis qu'elles disparaissaient rapidement dans les sols alluviaux voisins, tels que ceux de Saint-Laurent-d'Aigouze. Les terres sablonneuses des environs d'Aigues-Mortes, qui avaient été un moment consacrées à la culture de la garance, culture ruinée par la découverte de l'alizarine artificielle, devenaient libres et furent en quelques années replantées en vignes. Le vignoble occupait à ce moment environ 400 hectares. Un vigneron de Vaucluse, M. Bayle, après avoir parcouru la région et avoir constaté non pas le premier, mais après d'autres, la résistance certaine des vignes dans les milieux sableux, afferma en 1880 à la Compagnie des canaux une centaine d'hectares de dunes dont il commença sans retard la plantation avec l'aide de sous-colons, partageant avec lui les profits de l'entreprise. C'est donc à tort que l'on attribue l'idée première de la culture de la vigne dans les sables au vigneron de Vaucluse. L'un des premiers, sans doute, il comprit l'immense intérêt de l'immunité des milieux sableux; mais cette immunité était bien établie au moment de son entreprise, et des efforts parallèles aux siens s'exerçaient partout dans le territoire. Ceci ne diminue en rien le mérite de M. Bayle comme viticulteur, et mon seul but est ici de corriger une légende inexacte qui tend à passer comme vérité acquise dans la littérature.

Lorsque les terres anciennement nivelées furent plantées, on s'attaqua aux dunes et aux montilles. Ce fut une période de fièvre, comme en a créé un peu partout la culture de la vigne. En quelques années, le vignoble put atteindre une surface d'environ 4,000 hectares. Des sables qui offraient une valeur de 500 francs l'hectare trouvèrent acquéreurs aux prix de 6,000 à 10,000 francs. La ville d'Aigues-Mortes, qui comprenait environ 3,000 âmes, vit sa population presque doublée.

Le vignoble des sables est maintenant fort étendu, non seulement autour d'Aigues-Mortes, mais dans les sables analogues qui existent jusqu'au nord de la Camargue, au Mas de Roy, au Mas de la Ville, par exemple, sables qui appartiennent au cordon littoral le plus ancien du delta. Des vignobles sont établis même dans le cordon littoral actuel, à la pointe de l'Espiguette. Les dunes de Badet, d'Icard, de Maguelonne, des Saintes-Maries; les sables de Faraman, etc., ont été entièrement plantés. En petite Camargue, on rencontre de beaux vignobles dans les sables du grand radeau au quartier du Sauvage et auprès des pinèdes du Clamadou, de Brasinvert, de la Sylve-Réal, plus haut décrites. Depuis longtemps, les dunes de Montcalm ont été nivelées et converties en vignobles, ainsi que presque toutes celles qui s'étendaient le long de la route de Sylve-Réal à Aigues-Mortes. Il ne reste plus que quelques bouquets de pins comme spécimen des anciennes montilles et, au nord d'Aigues-Mortes, quelques hautes dunes à Corbières. Au sud d'Aigues-Mortes, la Compagnie des salins du Midi a créé avec un outillage perfectionné les grands vignobles de Jarras et de Bosquet, récemment étudiés par M. Müntz [1], et plus loin, sur le cordon littoral de l'étang de Thau, la même Société a installé, plus luxueusement encore, l'exploitation modèle de Villeroy.

Malgré leurs différences d'âge géologique, ces sables, qui appartiennent soit au cordon littoral actuel, soit à des cordons anciens, ne sont guère différents. Partout ils présentent des caractères chimiques et physiques identiques. Il est difficile d'évaluer la surface des vignobles actuellement constitués dans les sables, et plus malaisé encore de calculer l'importance des dunes qui sont libres. Il est superflu de donner des chiffres qui ne peuvent offrir aucune garantie d'exactitude. On peut dire que les espaces sableux qui restent inoccupés sont encore très importants, mais pour la plupart difficilement accessibles. Au voisinage des centres et des routes, les sables réfractaires au phylloxéra ont été partout utilisés.

Le nivellement des dunes est la première opération pour leur mise en valeur. L'expérience a montré qu'il devait être fait avec beaucoup de soin afin de ne laisser subsister aucune baisse, diminuant la profondeur de la couche sableuse et créant dans le vignoble des points d'affaiblissement correspondants. Suivant la hauteur des dunes cette opération est plus ou moins coûteuse. On l'évalue à 1,200 francs par hectare pour les dunes hautes, à 800 francs pour les dunes basses. Le nivellement des dunes, est important aussi pour mettre à la portée des racines, d'une manière régulière et uniforme, l'eau du sous-sol. Il semble qu'en dehors de ces raisons, toute dénivellation favorise certains phénomènes de délavage qui accumulent sur les points bas des sels nuisibles aux cultures.

Un caractère constant des dunes ou des sables nivelés est d'offrir, à un niveau égal ou peu supérieur à celui de la mer, une nappe d'eau douce imprégnant le sous-sol sableux, nappe qui persiste pendant la saison sèche et assure le maintien de la végétation. Sur les cordons sablonneux les plus étroits, qui séparent les étangs salés de la mer, par exemple, cette nappe douce peut être observée. Son existence dépend apparemment de la facilité qu'offrent les sables pour la pénétration des eaux fluviales, sans ruissellement sensible. L'eau s'accumule dans le sol même où elle tombe, et, malgré la capillarité du terrain, elle se trouve préservée d'une évaporation rapide par la profondeur et l'homogénéité de la couche sableuse qui n'offre jamais de fissures.

Cette remarque n'est point particulière aux sables d'Aigues-Mortes, que peut-être on a considérés à tort comme spécialement bien pourvus d'une nappe d'eau douce. J'ai constaté la présence de l'eau douce à 1 mètre et 1 m. 25 non seulement à Aigues-

[1] *Annales de la science agronomique*, 1893, p. 87.

Mortes, où Barral a fait partout la même remarque, mais aussi dans tous les sables littoraux que j'ai eu l'occasion de sonder en Algérie, en Tunisie, en Corse.

Sur l'isthme étroit et sableux de Radès, cordon littoral qui sépare la mer du lac salé de Tunis, l'eau douce existe partout à un niveau de 1 mètre à 1 m. 25. Cette nappe suffit à alimenter, sous un climat chaud et aride, les vergers d'arbres fruitiers et de vignes, cultivés avec grand soin par les Maures. Dans les sables granitiques, à grains grossiers, qui près de Bastia forment le cordon littoral étroit de l'étang de Biguglia, en communication avec la mer, l'eau douce existe à peu de profondeur et à une bien faible distance des eaux salées.

Ces mêmes phénomènes ont été décrits pour les dunes d'origine continentale. « Par une remarquable compensation naturelle, dit M. A. de Lapparent [1], les dunes continentales, qui sont la conséquence d'un climat désertique, deviennent, en raison de leur perméabilité, de précieux réservoirs pour les eaux de pluies, qu'elles parviennent à emmagasiner en certaine quantité. Aussi le pied des grandes dunes est-il souvent marqué par des nappes d'eau. »

Dans la région salée et presque marine de la basse Camargue, au delà de la digue à la mer, c'est dans les monticules de sables, dunes naissantes, que les gardiens de la digue et les bergers trouvent l'eau alimentaire. Il en est de même en Camargue, partout où il existe des îlots sableux. A Aigues-Mortes, où les sables offrent en général une plus grande profondeur que dans la basse Camargue, la nappe souterraine est plus abondante et plus douce : elle est moins sujette à devenir amère et salée par l'insuffisance des pluies. Son origine pluviale est certaine, à part quelques rares exceptions de sols sableux qui peuvent être en relation avec des eaux douces issues de dérivations fluviales ou de terrains supérieurs.

Dans une note présentée à l'Académie des sciences, Barral attribua les beaux résultats de la culture de la vigne dans les sables d'Aigues-Mortes à la présence constante de cette nappe aquifère ainsi qu'au pouvoir d'ascension capillaire très marqué de ces sables [2].

Pour mesurer cette ascension, il fit usage de tubes de verre de 0 m. 20 de diamètre intérieur et de 1 mètre de hauteur, qu'il garnit uniformément de sable. Les tubes, dressés verticalement, étaient fermés en bas par une toile et plongeaient de quelques millimètres dans un bassin d'eau.

En dix jours, les deux premiers tubes remplis de sable d'Aigues-Mortes s'imbibèrent d'eau sur une hauteur de 0 m. 474 pour l'échantillon n° 1, de 0 m. 479 pour l'échantillon n° 2, tandis qu'il fallut 149 jours au tube n° 3, rempli de sable des Landes, pour atteindre le même niveau d'imbibition.

L'expérience poursuivie sur les mêmes tubes accusa les résultats suivants :

	Du 10 août au 10 novembre 1882, soit après 97 jours.	Du 10 août 1882 au 8 janvier 1883, soit après 157 jours.
N° 1. Sable d'Aigues-Mortes	$0^m,781$	$0^m,853$
N° 2. Sable d'Aigues-Mortes	$0^m,758$	$0^m,837$
N° 3. Sable des Landes	$0^m,392$	$0^m,478$

[1] *Traité de géologie*, 3e édit., 1893, 1re partie, p. 146.

[2] *Comptes rendus*, V, 96, 1883, 1er semestre, p. 420.

« Il demeure acquis, ajoute Barral, que l'eau monte très rapidement par capillarité dans le sable d'Aigues-Mortes, très lentement dans le sable des Landes. J'en conclus que les vignes dans les sables, en pays et en temps de sécheresse, ont besoin de l'eau souterraine qui leur arrive par capillarité, et je crois pouvoir dire que, d'une manière générale, les vignes ne donnent d'abondantes vendanges que lorsqu'il y a dans le sol une réserve d'eau suffisante. Les cultures dans les sables ne réussissent bien que si ces sables ont une capillarité très grande et reposent sur une couche aquifère. »

Ces conclusions de Barral sont assurément fort justes. Elles montrent que des sables de dune peuvent avoir un coefficient de capillarité, pour mieux dire un pouvoir capillaire ascensionnel, bien différent. Si, en général, tous les sables de dunes peuvent être considérés comme réfractaires au phylloxéra, leur aptitude pour la culture de la vigne peut varier dans de grandes limites. Si toutes les dunes qui ne sont pas trop hautes peuvent être considérées comme pourvues d'une nappe aquifère douce, le pouvoir capillaire des sables dont elles sont formées intervient pour mettre cette eau à la portée des racines et peut créer entre différents sables, suivant les qualités qu'ils offrent sous ce rapport, des différences essentielles très importantes à considérer.

Quand la réserve d'eau douce retenue dans le sous-sol des sables s'épuise sous l'influence des étés secs et de l'insuffisance des pluies, comme il est arrivé en 1894, l'année 1893 ayant été elle-même anormalement sèche, les eaux salées des étangs peuvent pénétrer dans les terres et y causer de graves accidents de végétation. Aux mois de juillet et d'août 1894, des vignes entières se sont desséchées avec leur récolte, et en quelques jours, dans plusieurs domaines des Saintes-Maries, de Maguelonne, d'Icard et même dans le territoire d'Aigues-Mortes. Les eaux recueillies dans le sous-sol étaient salées, comme le montreront les analyses qui seront plus loin mentionnées au chapitre spécial du salant.

Les renseignements qui précèdent au sujet du mode de formation des dunes, de leur topographie, de leur aptitude pour la culture de la vigne, etc., n'expliquent point la cause de l'immunité des sables. Cette immunité ressort tant des faits généraux de la pratique, que d'expériences nettement démonstratives. Mais les causes réelles de cette immunité ne sont pas élucidées. On en est encore réduit aux hypothèses.

Le pouvoir défensif des sables a été mis en évidence par la constatation suivante : un propriétaire d'Aigues-Mortes, M. Louis Gros, avait amendé en 1874 des parcelles de sable maigre avec les curures argileuses du canal d'Aigues-Mortes. Tandis que toute autre culture aurait trouvé profit à cet apport, les vignes qui occupaient les parcelles ainsi amendées déclinèrent et manifestèrent bientôt l'apparence phylloxérique. En examinant les racines, on les trouva pleinement phylloxérées et en partie détruites par l'abondance des nodosités dans toute la partie supérieure du sol mélangée d'argile. Dès qu'elles pénétraient dans le sable pur sous-jacent, elles se montraient exemptes d'altérations et d'insectes. C'est à la suite de cette constatation d'une extrême netteté que nous fîmes en compagnie de MM. Catta et Mazel en 1877, que fut décidée l'expérience du cap Pinède, près Marseille, qui en est la contre-partie expérimentale.

« Une fosse de 0 m. 80 de profondeur sur 7 mètres de long et 2 mètres de large a été creusée dans notre champ d'expériences du cap Pinède, dit M. Marion en relatant cet essai dans un rapport fait à la Compagnie des chemins de fer P.-L.-M. [1]. Cette

[1] 1879, p. 14.

fosse fut remplie avec du sable d'Aigues-Mortes. Trente ceps enracinés de deux ans, choisis dans une pépinière phylloxérée, furent placés dans ce sable en fin avril. Les insectes étaient extrêmement nombreux au moment de la plantation, les racines étaient déjà en grande partie décomposées et il n'existait plus de minces fibrilles. Au bout d'un mois, il était facile de reconnaître que la reprise était parfaite. Plusieurs pieds furent arrachés, le système radiculaire était rétabli, on constatait encore les traces du parasite, mais il était impossible de retrouver un seul insecte là où, auparavant, on voyait à l'œil nu une véritable couche de pondeuses et d'œufs. Ce phénomène était général. Nous l'avons reproduit plusieurs fois en introduisant de nouveaux pieds phylloxérés dans la fosse, et il n'a jamais fallu plus d'un mois pour amener la disparition totale du phylloxéra. La question est donc parfaitement résolue. Il existe des sables qui non seulement s'opposent à la descente du puceron sur les racines, mais qui opèrent encore une action insecticide rapide et sûre sur tous les parasites qui y seraient enfouis accidentellement au moment de la plantation. Il ne peut exister un seul doute à ce sujet, et on comprend tout l'intérêt de cette observation pour les viticulteurs possédant des espaces sablonneux jusqu'à ce jour sans emploi. »

M. Sylvain Espitalier, au Mas de Roy, avait réussi à maintenir pendant plusieurs années en bonne végétation des vignes cultivées en sol argileux en y apportant en abondance les sables de dunes extraits des montilles du Mas. Il fut le premier qui attira l'attention sur cette propriété des sables. « De 1870 à 1874 l'ensablement devint, au Mas de Roy, un système parfaitement raisonné et établi de défense contre le phylloxéra; et c'est justice à rendre à M. Espitalier de lui faire l'honneur d'une découverte qui a ressuscité et enrichi des centres agricoles importants, et a rendu à la culture les milliers d'hectares sableux et déserts de la Méditerranée [1]. » Il n'est pas sans intérêt de rappeler ici que les premières submersions de la Camargue sont dues aussi à M. Espitalier, qui substitua cette méthode plus facile et plus radicale à celle de l'ensablement.

Le phylloxéra ne peut vivre dans le milieu particulier que constituent les sables mouvants, tels que celui d'Aigues-Mortes. D'une manière générale, d'ailleurs, les sols sablonneux, même lorsqu'ils n'ont point pour origine de dépôt l'alluvionnement aérien, sont plus ou moins réfractaires. Quelle est la cause essentielle d'une pareille immunité? Beaucoup d'expérimentateurs se sont préoccupés de résoudre cette question.

M. Saint-André invoqua en 1881 [2] la capacité capillaire des sols pour l'eau en précisant qu'il entendait définir ainsi la quantité d'eau retenue mécaniquement par une terre complètement imprégnée de ce liquide. Par une méthode qu'il n'a point fait connaître, il a étudié 165 terres, prises, les unes dans des vignobles qui avaient succombé sous l'influence phylloxérique, les autres parmi les terres sablonneuses indemnes du littoral méditerranéen, des bords de la Durance et des dunes de l'Océan. Il a conclu de ses essais qu'il existe une relation entre la capacité capillaire d'un sol et son aptitude à empêcher le développement du phylloxera. Les sols indemnes auraient, d'après cet auteur, une capacité capillaire de 23 à 35.8 p. 100. Dans les terres non réfractaires aux atteintes du puceron et où la végétation de la vigne est languissante, la capacité capillaire atteindrait 35.2 à 42.5 p. 100. Elle serait toujours supérieure à 40 p. 100 dans les terrains où les vignobles disparaissent rapidement

[1] G. Gauthier, *Rapport du jury de la prime d'honneur en 1886*, dans les Bouches-du-Rhône, p. 12.
[2] *Comptes rendus*, Académie des sciences, 11 avril 1881.

sous les attaques du phylloxéra. Le même auteur attribue aux mouvements de l'eau dans les terres un rôle de premier ordre. Mais il n'a fait en aucune manière ressortir la relation entre la facilité de ce mouvement et la capacité capillaire dont il fait mention. Cette capacité capillaire correspond-elle au pouvoir d'imbibition, tel qu'on l'entend généralement, lequel offre, comme on sait, une relation avec l'ascension capillaire?

M. Vanuccini a publié de 1881 à 1885 [1] différentes études sur le même sujet. Il a calculé les dimensions des vides intersticiels qui existent dans un sable de l'Océan où depuis soixante ans les vignes se maintiennent en parfait état de végétation. Comparant les dimensions de ces espaces à la taille des phylloxéras, il est arrivé à cette conclusion que les jeunes insectes trouvent facilement leur passage dans ces interstices, tandis que les pondeuses radicicoles, arrivées à leur taille normale, sont dans l'obligation de déplacer quelques grains de sable pour se mouvoir. « Mais si, à ce moment, on suppose que de l'eau provenant d'une pluie, ou introduite dans le sol par imbibition et par infiltration, pénètre dans le sable, voilà que l'insecte ainsi que ses œufs se trouveront entourés d'une couche d'eau persistante qui gênera considérablement leur respiration. Si cet état se prolonge d'une façon quelconque, soit que l'eau continue à pénétrer dans le sol, soit que son évaporation soit empêchée, on comprend que l'insecte et ses œufs souffriront fortement et pourront même périr. » Le même auteur rapporte que ces hypothèses ont été confirmées par l'expérience suivante : avec ce même sable de l'Océan dont il avait mesuré les espaces intersticiels, il remplit trois éprouvettes dressées verticalement et fermées inférieurement par un tampon d'amiante; dans chacune d'elles il plaça des racines phylloxérées, garnies de pondeuses radicicoles et d'œufs. Une de ces éprouvettes fut gardée pendant huit jours consécutifs. La seconde fut arrosée une seule fois jusqu'à ce que l'eau s'écoulât à la partie inférieure. La troisième fut arrosée abondamment chaque jour pendant huit jours, l'eau s'écoulant toujours librement à la base.

Les racines gardées huit jours dans le sable sec offraient de nombreux phylloxéra très bien portants. Les œufs étaient éclos et on voyait de jeunes insectes fixés sur les racines à distance des mères pondeuses. Dans les deux autres éprouvettes, les insectes fixés sur les racines avaient pris la teinte brune des phylloxéras hibernants. Toute activité vitale semblait éteinte en eux; ils étaient en effet ou morts ou engourdis. Les œufs n'étaient point éclos.

Une destruction aussi rapide paraît peu conciliable avec ce que l'on sait des effets de la submersion, qui doit être maintenue pendant cinq semaines, pour donner des effets suffisamment complets. M. Vanuccini pare cette objection en faisant remarquer que les sables se pénètrent uniformément et rapidement d'eau, tandis que les sols argileux ou calcaires ne sont que lentement et partiellement imbibés. Le sable laisse échapper l'air tandis que les terres ordinaires en conservent, à l'état de vacuoles, qui assurent la respiration d'une partie au moins des insectes.

A l'appui de sa manière de voir, M. Vanuccini cite le maintien de vignes françaises dans des terres qui, quoique non exclusivement sableuses, sont naturellement humides ou irriguées artificiellement. La conclusion formulée par cet auteur est que « l'humidité

[1] *Messager agricole* du Dr F. Cazalis. Montpellier, 10 septembre 1881, 10 mai 1883, 10 juillet et 10 août 1885.

naturelle ou artificielle, jointe à la nature physique du terrain, est la seule cause de la résistance opposée par la vigne aux attaques du phylloxéra ».

Il n'est pas douteux que l'existence d'une nappe d'eau souterraine soit favorable à la végétation des vignes ou de tous autres végétaux, et qu'à défaut de cette nappe, en sol perméable, les irrigations d'été ne puissent y suppléer. Dans de telles conditions, les vignes résistent parce qu'elles émettent des racines en grande abondance. D'autre part, la multiplication du phylloxéra est gênée par un sol trop humide. Toutefois les racines attaquées pourrissent dans des terrains trop saturés d'eau et la présence de cette eau ne fait point périr le phylloxéra. Au contraire, dans les sables, le phylloxéra périt rapidement, comme l'expérience du cap Pinède l'a démontré et comme le démontrent les expériences elles-mêmes de l'auteur que nous venons de citer. Il périt de même dans les sables de l'Océan, que Barral a démontré être beaucoup moins capables que ceux d'Aigues-Mortes de remonter l'eau par capillarité. Il ne paraît donc point que les explications de M. de Vanuccini suffisent à rendre compte de l'immunité des sables. Les conclusions de l'auteur manquent de précision et tendent même à établir une confusion entre les milieux réellement réfractaires au parasite de la vigne et les terres où la végétation de cette plante est simplement favorisée au point d'équilibrer les effets du phylloxéra.

La seule hypothèse, non vérifiée, il est vrai, qui permette de se rendre compte de l'immunité est celle qui repose sur la mobilité des particules, hypothèse admise par Barral, et que l'on peut qualifier d'hypothèse mécanique. La mobilité et la finesse des particules sableuses empêcherait tout d'abord la pénétration du phylloxéra. La voie naturelle de l'insecte est évidemment le tronc de la souche; dans la plupart des terrains, le tronc de la vigne, ébranlé par le vent, laisse autour de lui un passage spacieux et annulaire pour la descente de l'insecte sur les racines. Dans les sols sableux, ce passage n'existe pas, car l'éboulement du sable remplit immédiatement tous les vides qui pourraient accidentellement se former autour de la souche. M. Vanuccini a montré que les jeunes insectes peuvent passer à travers les interstices des grains sableux, mais, en même temps, ses recherches ont prouvé que ces espaces interstitiels étaient insuffisants pour laisser circuler les pondeuses. Cet obstacle est assurément suffisant pour créer l'immunité, puisque, dès la première génération, l'insecte est ainsi certainement arrêté dans sa progression. Mais il y a plus : les sables détruisent le phylloxéra, ainsi que M. Vanuccini l'a montré dans son expérience dans le sable arrosé et comme le prouve aussi l'essai du cap Pinède, quoique dans cet essai le sable n'ait pu s'humecter que par contact avec un sol argilo-calcaire, sans être, comme à Aigues-Mortes, noyé à sa base dans une couche aquifère. Il y a donc une action insecticide véritable, comme l'a affirmé M. Marion, et nous devons essayer de comprendre tout au moins comment cette action peut se produire. Il nous semble qu'elle est le résultat de la mobilité du sable qui, même à l'état sec, réalise des conditions intermédiaires entre un solide et un liquide. Le sable de dune coule comme un liquide (expérience du sablier), et ses grains se tassent naturellement les uns contre les autres en se transmettant de l'un à l'autre la pression des grains supérieurs. En présence de l'eau, ce tassement est encore favorisé; ne serait-ce point là la cause *unique* de la destruction du phylloxéra?

Cette hypothèse, en tout cas, rend bien compte de la différence de résistance dans différents sols sableux. Les seuls sables indemnes sont ceux parfaitement mobiles, presque exempts d'argile et d'impalpable, et qui sont incapables de s'agréger lorsqu'avec un peu d'eau on essaye d'en faire une masse malléable. Dès qu'un sol sableux est susceptible de former avec l'eau une pâte un peu consistante qui, en séchant, conserve une certaine ténacité, on n'a plus affaire à un sol indemne.

L'analyse physique, suivant la méthode de Schlœsing, permet de caractériser assez nettement les sables indemnes. Il n'est point nécessaire de recourir au dosage de l'argile vraie, dont la proportion dans les sables réfractaires est presque nulle. Il suffit de séparer par la lévigation les parties sableuses, siliceuses et calcaires du lot impalpable. En opérant, comme l'a indiqué M. Schlœsing, sur 10 grammes de terre dans une capsule, et en favorisant par friction avec le doigt la séparation des parties fines, on reconnaît que, dans les sols indemnes, le lot sableux total est toujours supérieur à 85 centièmes. Ce lot peut renfermer une proportion notable, 13 à 27 p. 100, de sable calcaire (pour les sables de dunes du delta du Rhône). Au-dessous de 85 p. 100 de lot sableux total, on trouve des sables qui s'agrègent après avoir été malaxés avec un peu d'eau et qui conservent en séchant la forme que leur a donnée le pétrissage. Il faut un certain effort pour briser les parties ainsi desséchées. A la vérité, cette limite de 85 p. 100 de lot sableux total correspond à des sols déjà un peu gras, c'est-à-dire légèrement agrégés. Ces sols se défendent cependant et peuvent être considérés comme réfractaires, parce que leur surface supérieure est formée de sables plus purs que la masse de l'échantillon sur laquelle porte l'analyse (couche de 0 m. 40). Au-dessus de 90 p. 100, l'immunité est certaine. Les sables de dunes maigres contiennent jusqu'à 98 et 99 p. 100 de sable total. Ils sont presque exempts d'impalpable.

Le tableau suivant montre bien ces différences :

NUMÉROS DES ANALYSES. (S'y reporter pour la désignation des sables.)		LOT SABLEUX TOTAL.	SABLE CALCAIRE.	IMPALPABLE.
Sables réfractaires au phylloxéra.	3.	96.25	16.60	3.75
	4.	94.70	16.55	5.30
	5.	96.40	19.25	3.60
	6.	92.80	18.22	7.20
	7.	91.25	18.07	8.75
	8.	99.35	24.93	0.65
	9.	87.80	19.85	12.20
	10.	98.75	25.30	1.25
	11.	97.50	20.18	2.50
	12.	98.57	27.67	1.43
	13.	86.45	15.70	13.55
	15.	96.95	21.60	3.05
	16.	96.71	20.89	3.29
	17.	88.02	17.70	11.98
	19.	96.23	18.17	3.77
	20.	93.85	16.58	6.15
	25.	95.88	17.92	4.62
	26.	91.90	15.58	8.10
	27.	95.50	19.80	4.50
	28.	97.00	19.83	3.00
	30.	88.14	17.01	11.86
	31.	87.25	16.58	12.75
	34.	96.70	16.85	3.30

NUMÉROS DES ANALYSES. (S'y reporter pour la désignation des sables.)		LOT SABLEUX. TOTAL.	SABLE CALCAIRE.	IMPALPABLE.
Sables gras non réfractaires au phylloxéra.	1.	57.40	17.25	42.60
	2.	62.55	18.66	37.45
	14.	75.53	19.02	24.47
	18.	74.42	14.36	25.58
	22.	73.92	16.92	26.08
	23.	81.40	15.15	18.60
	24.	84.16	16.46	15.84
	29.	62.95	15.20	37.05
	32.	73.97	16.74	26.03
	33.	50.97	12.38	49.05

Le sable n° 24 est à la limite de la résistance et les vignes peuvent s'y maintenir longtemps ou même indéfiniment, malgré la présence du phylloxéra, présence temporaire, lorsqu'en été le sable desséché s'agrège et devient consistant. Ces différences et cette classification n'ont de valeur que pour les sables d'Aigues-Mortes que nous avons étudiés. Il est probable, cependant, que son importance est plus générale. C'est à tort que l'on a indiqué, pour caractériser l'immunité des sables, la présence nécessaire d'une proportion minima de 60 p. 100 de sable siliceux. C'est plutôt, on le voit, la proportion totale de sable qui est importante à considérer ou, si l'on veut, la proportion de l'impalpable, c'est-à-dire du ciment qui peut agréger les sables. La nature du lot impalpable n'est, sans doute, pas indifférente pour réaliser cette agrégation qui fait disparaître l'immunité. Mais, comme il faut très peu d'impalpable, environ 14 p. 100 dans les sables d'Aigues-Mortes, pour agréger déjà nettement le sable, alors que ce lot impalpable ne contient que des traces d'argile colloïdale, on peut penser que, dans des sables où l'impalpable serait plus argileux, la proportion limite de sable capable de conférer l'immunité se trouverait elle-même notablement accrue. Ce sont les seules généralisations qu'il est permis d'indiquer, et encore avec quelque réserve. Parmi les sables non réfractaires signalés dans les tableaux se trouvent des terres qui pourraient évidemment figurer dans la série des sols alluviaux déjà précédemment étudiés.

En 1888, nous nous étions proposé, M. Krassilstchick et moi, d'entreprendre un travail complet sur l'immunité des sables. M. Krassilstchick était à cette époque en France, remplissant une mission du Gouvernement impérial de Russie, qui avait précisément pour objet l'étude des questions phylloxériques. La recherche des causes réelles de cette immunité lui apparaissait, ainsi qu'à moi-même, comme une question du plus haut intérêt pour la viticulture.

Les neuf premiers échantillons qui figurent plus loin dans les analyses ont été recueillis au printemps de 1888 par M. Krassilstchick, en vue de cette étude en commun dont nous avons dressé le programme. Nous espérons pouvoir reprendre ce travail, qui comprendra l'étude bactériologique des sables; car, parmi les hypothèses que l'on peut former pour expliquer leur immunité, il y a celle de l'existence possible d'organismes destructeurs du parasite, et cette hypothèse est appuyée par l'autorité du grand nom de Pasteur, que M. Krassilstchick avait consulté à cet égard, et qui d'ailleurs s'était prononcé dans le même sens à l'Académie des sciences dans une discussion relative au phylloxéra[1]. Le milieu particulier des sables est assez spécial pour comporter des conditions biologiques tout à fait différentes des terres ordinaires où le phylloxéra se propage et pullule. Tout en acceptant provisoirement une explication purement mécanique, qui paraît rendre compte des faits d'une manière satisfaisante, la prompte disparition du phylloxéra introduit dans les milieux sableux, et quelquefois assez grossiers, suggère d'une manière intense une cause de destruction qui paraît bien être celle à laquelle a songé l'illustre Pasteur, en regrettant de ne pouvoir consacrer du temps à cette recherche spéciale. Nous avons pensé, M. Krassilstchick et moi, que, si un organisme capable de détruire le phylloxéra existait quelque part, on devait le trouver dans les milieux spécialement réfractaires, tels que les sables des dunes.

Nos recherches étaient commencées, lorsque M. Krassilstchick fut appelé à diriger les travaux de défense contre le phylloxéra dans la Russie méridionale (Bessarabie). J'ai utilisé dans le présent mémoire les matériaux qu'il avait rassemblés à une époque où je ne pouvais le faire avec lui. J'y ai ajouté un grand nombre d'autres échantillons similaires recueillis plus tard par moi dans d'autres parties de la Camargue.

Le tableau qui suit renferme, avec la désignation de ces divers échantillons, leur analyse physico-chimique d'après la méthode de M. Schlœsing. Les dosages de l'argile colloïdale et de l'humus n'ont pas été faits et l'on n'a tenu compte que du lot impalpable qui les comprend. Dans les sables indemnes, ces corps sont représentés par des proportions si minimes que leur dosage était impraticable.

[1] Pasteur, *Comptes rendus de l'Académie des sciences*, 1880, 1er semestre.

ANALYSES PHYSICO-CHIMIQUES DES SABLES DU DELTA DU RHÔNE (SUR 100 DE TERRE SÈCHE).

NUMÉROS DES ANALYSES.	PROVENANCE DES ÉCHANTILLONS.	LOT SABLEUX.				LOT IMPALPABLE.		
		TOTAL.	SILICEUX.	CALCAIRE.	DÉBRIS ORGANIQUES.	TOTAL.	SILICEUX, ARGILE ET HUMUS.	CALCAIRE.
1	Sables à l'ouest d'Aigues-Mortes, derrière le faubourg Pie IX, fumés avec curures du canal et offrant des racines phylloxérées en abondance. Couche de o m. 30, propriété L. Gros. Recueillis par M. Krassilstchick en 1888......	57.40	39.69	17.25	0.46	42.60	28.35	14.25
2	Même vigne, échantillon plus profond à o m. 50......................	62.55	43.37	18.66	0.52	37.45	23.71	13.74
3	Vigne Robert, au N. O. d'Aigues-Mortes, territoire de Chaumone. Sables fins, maigres et indemnes, couche de o m. 30.	96.25	79.75	16.00	0.50	3.75	2.75	1.00
4	Meme vigne que ci-dessus, couche de o m. 50......................	94.70	79.65	16,55	0.50	5.30	3.55	1.75
5	Même vigne que ci-dessus, couche prise à 1 mètre de profondeur..........	96.40	76.68	19.25	0.47	3.60	2.85	0.75
6	Vignoble Lasserre, à l'est d'Aigues-Mortes, sables indemnes, couche de o m. 40..	92.80	73.85	18.22	0.73	7.20	5.62	1.58
7	Sous-sol du précédent, couche de o m. 40 a o m. 75 où l'eau apparaît........	91.25	72.52	18.07	0.66	8.75	6.62	2.13
8	Sables de montilles incultes près du canal à l'ouest de la ville, couche de o m. 50.	99.35	73.97	24.93	0.45	0.65	"	"
9	Sous-sol du même, à 1 mètre de profondeur......................	87.80	68.30	19.25	0.35	12.20	8,75	3.45
10	Montille inculte à Corbière. Échantillon moyen pris à o m. 50 en différents points. Haut et bas de la Montille...	98.75	72.90	25.30	0.55	1.25	0.89	0.36
11	Montille inculte. Échantillon moyen pris au milieu à o m. 50............	97.50	76.83	20.18	0.49	2.50	1.67	0.83
12	Montille inculte à Corbières. Échantillon pris par M. le professeur Marion, de la Faculté des sciences de Marseille, en juin 1891......................	98.57	70.31	27.67	0.59	1.43	0.91	0.52
13	Sables de couleur foncée, riches, entourés de marais, plantés en vigne, pièce du du Pradet, propriété L. Gros. Couche de o m. 50..................	86.45	70.35	15.70	0.40	13.55	10.80	2.75
14	Sous-sol blanchâtre et marneux du précédent. Couche de o m. 50 à o m. 80 touchant la nappe aquifère.........	75.53	56.20	19.02	0.31	24.47	15.40	9.07

NUMÉROS DES ANALYSES.	PROVENANCE DES ÉCHANTILLONS.	LOT SABLEUX.				LOT IMPALPABLE.		
		TOTAL.	SILICEUX.	CALCAIRE.	DÉBRIS ORGANIQUES.	TOTAL.	SILICEUX, ARGILE ET HUMUS.	CALCAIRE.
15	Sables profonds (Neblons), domaine Louis Gros, près Aigues-Mortes, occupés par la vigne depuis 1878, autrefois plantés en mûriers. Résidu au tamisage, 7.10 p. 100. Cailloux siliceux et coquilles marines. Ces parties de graviers et de coquilles s'étendent sur une zone, parallèle au littoral d'Aigues-Mortes au petit Rhône, qui offre une largeur de 20 à 30 mètres et marque la place d'une ancienne plage. Couche de 0 m. 65 d'épaisseur.	96.95	74.92	21.60	0.43	3.05	2.55	0.50
16	Montilles nivelées et plantées en vignes en 1867 à Corbières, pièce dite *le Tombeau*, propriété Louis Gros. Couche de 0 m. 50. A 1 m. 50, existe la nappe aquifère	96.71	74.97	20.89	0.85	3.29	2.12	1.17
17	Sables gras dans la couche supérieure, par suite du débordement des marais apportant les limons du Vistre et du Vidourle. Pièce dite *la Cépade*, près le marais de Saint-Clément, propriété Louis Gros. Couche modifiée de 0 m. 40 d'épaisseur au-dessous de laquelle on rencontre le sable pur des montilles voisines. Cette pièce souffre, d'une manière intermittente, des attaques du phylloxéra	88.02	70.12	17.70	0.20	11.98	8.28	3.70
18	Même propriété. Pièce de la Pinède, proche du marais de Saint-Clément, dont la couche supérieure est altérée plus encore que dans la précédente. Les vignes souffrent du phylloxéra et ont été arrachées	74.42	59.90	14.36	0.16	25,58	18.09	7.49
19	Montilles basses au N.-E. de la Rhée-Longue, près du Grand-Radau (petite Camargue), boisées en pins pignons.	96.23	77.32	18.17	0.74	3.77	"	"
20	Sables cultivés en vignes au Grand-Radau, quartier du Sauvage. Vignes couvertes d'abondants empaillages. Échantillon de profondeur, 0 m. 50	93.85	76.16	16.58	1.11	6.15	5.39	0.76
21	Au-dessous de ces sables, couche argilo-sableuse (voir analyse chimique)	"	"	"	"	"	"	"
22	Cabanes d'Astoin (propriété Marqué). Sables gras dans lequel une vigne de 20 ans en 1891 meurt du phylloxéra constaté	73.92	56.55	16.92	0.45	26.08	18.30	7.78

NUMÉROS DES ANALYSES.	PROVENANCE DES ÉCHANTILLONS.	LOT SABLEUX.				LOT IMPALPABLE.		
		TOTAL.	SILICEUX.	CALCAIRE.	DÉBRIS ORGANIQUES.	TOTAL.	SILICEUX, ARGILE ET HUMUS.	CALCAIRE.
23	Maguelonne (près Sainte-Marie, propriété de M. Savoy). Sables gras où une vigne de Carignan souffre du phylloxéra constaté en 1891. Ces vignes ont été depuis traitées avec succès par le sulfure de carbone....	81.40	65.79	15.15	0.46	18.60	14.75	3.85
24	Maguelone (propriété Savoy). La Jardinière. Sables gras très fertiles portant des aramons. Limite de la résistance..	84.16	67.25	16.46	0.45	15.84	10.58	2.56
25	Sables purs, de faible hauteur, entourés de marais, à Lagalle, près Les-Saintes-Maries, partie où les vignes sont belles.	95.88	76.96	17.92	0.50	4.62	1.98	2.64
26	Lagalle. Échantillon pris dans une partie plus basse où les vignes sont affaiblies..	91.90	74.75	16.58	0.57	8.10	6.94	1.16
27	Badet. Anciennes montilles boisées de pins pignons, nivelées et converties en vignes. Sables réfractaires. Couche de 0 m. 40.	95.50	75.00	19.80	0.70	4.50	2.00	2.50
28	Autre pièce de vigne à Badet. Même nature de sables....	97.00	76.42	19.83	0.75	3.00	2.80	0.20
29	Même domaine. Sables gras non réfractaires au phylloxéra. Couche de 0 m. 40.	62.95	47.20	15.20	0.55	37.05	26.73	10.32
30	Mas de Roy (propriété Espitallier). Montilles nivelées et plantées en vignes, fortement fumées, sables réfractaires au phylloxéra. Couche de 0 m. 40......	88.14	70.28	17.08	0.85	11.86	9.67	2.19
31	Même domaine. Autre pièce de vignes, très fumée..	87.25	69.60	16.58	1.07	12.75	9.23	3.52
32	Même domaine. Vigne dite *de l'Abîme*, sol argilo-sablonneux, riche et très fumé. Couche de 0 m. 30, non réfractaire. Sous-sol peu sableux. Terre submergée....	73.97	55.65	16.74	1.58	26.03	20.52	5.71
33	Même domaine. Sables gras non réfractaires.	50.95	38.17	12.38	0.40	49.05	35.03	14.02
34	Mas de la Ville, propriété Peyron. (Petit plan du Bourg). Sables de montilles, nivelées et plantées en vignes. Couche de 0 m. 40....	96.70	79.17	16.85	0.68	3.30	1.95	1.35

Quelques observations doivent être mentionnées en ce qui concerne la nature physique des sables et leur immunité phylloxérique.

Les sables de dunes en place ou de dunes nivelées depuis quelque temps sont toujours plus purs, c'est-à-dire plus sableux, dans leur partie supérieure que dans la couche inférieure. Les eaux pluviales opèrent un lavage qui entraîne les parties impalpables. C'est exceptionnellement que des sables de dunes peuvent être modifiés dans leur couche supérieure, comme dans les échantillons 1 et 2, qui ont reçu des apports directs de limons, et dans les échantillons 17-18 qui, formés d'anciennes dunes nivelées, ont été accidentellement recouverts par des eaux limoneuses.

Les nos 8 et 9 montrent nettement les différences que nous signalons : la couche supérieure de ces montilles basses contient 99.35 p. 100 de sable total, et par suite une proportion presque nulle d'impalpable. A 1 mètre de profondeur, le sous-sol renferme au contraire 8.75 d'impalpable et seulement 87.8 p. 100 de sable.

Dans la couche supérieure de 0 m. 50 d'épaisseur, la vigne du Pradet (n° 13) contient 86.45 p. 100 de sable et 10.83 d'impalpable. Son sous-sol (n° 14), quoique de nature sableuse, ressemble presque à une marne calcaire et friable, safreuse, blanche; il renferme seulement 75.53 de sable et 15.40 d'impalpable. Les grains de sable siliceux qu'il renferme sont couverts d'une couche de carbonate de chaux, qui lui donne cette couleur crayeuse ne ressemblant en rien à la couche supérieure. Il est presque de règle de trouver de sensibles différences dans le taux de carbonate de chaux, moindre dans le sol que dans le sous-sol des sables. Souvent la couche la plus riche en calcaire existe à 50 ou 60 centimètres de profondeur, et parfois elle constitue un tuff médiocrement résistant et de faible épaisseur, qui agrège les particules sableuses et interrompt la continuité et la perméabilité du sol. La végétation est, sur ces points qui forment une dépression du terrain, toujours affaiblie. Nous verrons plus loin que cette formation de tuff dépend quelquefois de circonstances spéciales sur lesquelles nous aurons l'occasion d'insister en parlant du salant alcalin.

Le sous-sol des sables peut donc, à un certain niveau, ne plus offrir les qualités requises pour l'immunité phylloxérique. Mais c'est une erreur qui a été commise de croire que dans ces conditions l'insecte peut effectivement nuire aux vignes. Sa pénétration est, au contraire, absolument empêchée par la nature sablonneuse du sol supérieur. On ne s'expliquerait point les effets remarquables de l'ensablement, tel qu'il a été pratiqué par M. Espitallier, s'il n'en était pas ainsi.

Au-dessous des sables, on rencontre constamment une couche nettement argileuse et imperméable qui retient les eaux pluviales. Cette même couche tapisse le pourtour des îlots sablonneux, coupés par des étangs et des marais salés. On peut imaginer que cette ceinture protectrice s'établit naturellement comme une conséquence de la propriété qu'offre l'argile de se délayer dans les eaux douces et de se coaguler dans les eaux chargées de sels marins. On se rappelle les belles expériences de Schlœsing, qui ont défini cette propriété des argiles. Elles expliquent à nos yeux la présence habituelle d'une nappe d'eau douce dans les dunes au voisinage immédiat de la mer ou des lagunes salées qui en dépendent. Cette barrière argileuse constitue, en effet, une protection très sûre contre tout mélange, tant que le niveau de la nappe d'eau douce est assez élevé dans les sables pour faire équilibre au niveau des eaux salées voisines. L'eau douce est ainsi retenue par l'imperméabilisation de l'argile à son contact, tandis que, si des sécheresses prolongées interviennent, l'eau salée peut filtrer dans le sol sableux en coagulant sa ceinture protectrice argileuse, qui devient perméable. Pendant les pluies hivernales, l'argile délavée du sous-sol, mise en suspension dans les eaux douces qui pénètrent les sables, vient au contraire se coaguler et s'accumuler dans la zone limitrophé du terrain qui est en contact avec les lagunes chargées de sel. L'abondance des pluies hivernales et printanières devient ainsi le principal agent de l'assainissement des terres sableuses; et l'on voit que ce n'est pas uniquement par suite du lavage du terrain qu'elles produisent ce résultat, mais encore en provoquant des phénomènes plus complexes, qui n'ont pas été jusqu'ici analysés et dont l'importance nous paraît hors de doute.

D'ailleurs, au point de vue de la culture de la vigne, quoique les sables maigres soient sûrement les plus indemnes, ce ne sont pas ceux qui offrent les meilleures chances de succès et qui sont les plus recherchés. On préfère les sables un peu gras ou à sous-sol gras, infiniment plus fertiles, suffisamment réfractaires au phylloxéra, qui conservent mieux leur humidité. C'est dans ces sables surtout que la conservation de la nappe d'eau douce et son isolement des lagunes salées paraît le plus sûrement réalisée. Je ne parle là, bien entendu, que des sables légèrement gras, non de ceux qui à la surface même sont capables de s'agréger, auquel cas l'immunité phylloxérique disparaît.

Les chiffres donnés par Barral au sujet de la capillarité des sables d'Aigues-Mortes ont été rapportés plus haut. Dans notre travail, commencé avec le concours de M. Krassilstchick, nous avons examiné également le pouvoir ascensionnel capillaire de quelques sables, sans poursuivre toutefois l'expérience aussi longtemps que lui. Je rapporterai quelques-uns de ces essais qui montrent les différences très grandes que peuvent présenter les sables choisis dans un même territoire.

L'expérience a été faite dans des tubes de verre (cheminées de lampe à gaz) de 250 millimètres de longueur et de 44 millimètres de diamètre intérieur, bouchés à la base par une toile tendue et fixés sur le tube avec un lien de ficelle. Le sable desséché a été introduit avec un entonnoir pour provoquer une chute régulière et uniforme et par petites portions, en tassant chaque fois légèrement.

L'ascension de l'eau a été notée de 5 en 5 minutes au commencement, puis à des intervalles plus écartés à mesure que le phénomène se ralentissait. L'expérience a porté sur les six premiers échantillons mentionnés plus haut dans les analyses physico-chimiques.

TEMPS ÉCOULÉ depuis LE DÉPART DE L'ESSAI.	ASCENSION DE L'EAU, EN CENTIMÈTRES DE HAUTEUR, dans DIVERS ÉCHANTILLONS DE SABLES D'AIGUES-MORTES.					
	1	2	3	4	5	6
Minutes :						
5	0.2	1.1	10.9	6.4	10.0	10.0
10	0.8	2.0	13.2	8.0	12.0	12.0
25	1.5	2.9	15.9	9.5	14.0	15.6
23	2.4	4.3	17.5	11.2	16.0	16.5
33	3.3	5.4	19.2	13.0	17.7	18.0
43	4.2	6.4	20.4	14.2	18.8	19.2
53	4.9	7.4	20.9	14.9	19.8	20.4
63	5.6	8.3	//	15.7	20.9	//
83	6.7	9.6	//	16.8	//	//
150	10.1	13.6	//	19.1	//	//
260	14.4	17.5	Ascension complète en 53 minutes.	Ascension complète en 240 minutes.	Ascension complète en 63 minutes.	Ascension complète en 58 minutes.
320	16.5	19.6				
385	18.3	20.8				
400	18.6	Complet en 390m.				
Teneur en eau au sommet de la colonne de sable	20.00	18.25	11.25	12.38	14.00	15.30
Teneur en eau à la base après égouttage de 48 heures sous cloche saturée d'humidité	20.75	20.69	16.90	20.90	21.35	21.56

Les deux premiers échantillons sont des sables dont la pureté a été altérée par l'apport de curures limoneuses du canal d'Aigues-Mortes. Leur faculté d'ascension capillaire pour l'eau a été grandement diminuée par le mélange avec le limon; l'échantillon superficiel n° 1 qui renferme le plus d'impalbable (42.6 p. 100) est celui dont le pouvoir ascensionnel est le plus faible (37.45 d'impalbable pour le n° 2).

Les échantillons 3, 4, 5 ont été pris dans une même fouille à différentes profondeurs et dans un sol sableux fin et maigre d'une immunité phylloxérique parfaite. Le n° 3 correspond à la couche superficielle de 30 centimètres d'épaisseur; c'est celui dont le pouvoir d'ascension capillaire est le plus marqué. Le n° 4 représente l'échantillon moyen de sable à une profondeur de 50 centimètres, couche intermédiaire; c'est le moins actif de beaucoup au point de vue de la faculté d'élever l'eau. La couche profonde à 1 mètre est seulement un peu moins active que la couche supérieure.

L'expérience réalisée dans des tubes courts, n'admettant qu'une tranche verticale de sable de 21 centimètres de profondeur, ne peut évidemment fixer la limite de l'ascension capillaire; elle suffit toutefois pour mettre en évidence des différences très accusées entre des couches de sable voisines, résultat assez inattendu.

L'eau a été dosée dans les sables à la partie supérieure des tubes et dans leur partie inférieure. Ce dernier dosage est presque sans intérêt, car, malgré un égouttage prolongé, les sables restent gorgés d'eau, ainsi que l'a démontré M. Schlœsing, en critiquant les expériences de Schübler. Les taux d'humidité constatés dans la tranche supérieure sont plus intéressants, quoique la hauteur des colonnes de sable soit encore trop courte pour une étude correcte du pouvoir d'imbibition. M. Schlœsing a démontré d'ailleurs qu'il était impossible de représenter par des chiffres invariables cette propriété des terres. Trop de facteurs tendent à la modifier en sens divers : épaisseur de la couche arable, nature et perméabilité du sous-sol, distance de la nappe d'eau souterraine, dimensions mêmes des particules qui varient, dans une même terre, suivant les travaux mécaniques auxquels on l'a soumise et le temps écoulé depuis ces opérations. Pour les sables purs, toutefois, on obtiendrait, en se plaçant toujours dans les mêmes conditions, des chiffres beaucoup plus constants et comparables entre eux, car cette dimension des particules peut être considérée là comme invariable par le défaut d'argile ou de substance limoneuse capable d'agréger les graviers sableux. La dimension de ces derniers réglerait apparemment la faculté d'imbibition. Dans l'expérience plus haut relatée, on peut voir que l'échantillon n° 3, qui offre le pouvoir d'ascension capillaire le plus accusé, est celui qui retient le moins d'eau par imbibition. Ce serait une erreur cependant de penser que ces deux propriétés, pouvoir d'ascension capillaire, faculté d'imbibition, offrent une relation inverse constante. Il n'y a pas, au contraire, d'antagonisme entre ces propriétés, et ce qui le prouve, c'est que la finesse des grains de sable augmente dans de certaines limites l'ascension capillaire et, en même temps, le pouvoir d'imbibition. La relation inverse n'apparaît que si le sable confine à l'argile par son extrême ténuité.

Il n'était pas sans intérêt d'examiner quelle est la finesse des sables de dunes d'Aigues-Mortes. L'essai de classement suivant a été fait avec des tamis de soie choisis à mailles aussi régulières que possible. Deux échantillons différents des montilles de Corbières (n°s 10 et 12) ont été soumis à cette expérience.

DÉSIGNATION.	NUMÉRO 10.	NUMÉRO 12.
Partie retenue sur le tamis n° 60, de 22 fils au centimètre...	0.50	0.20
Tamis n° 80 (33 fils par centimètre).................	24.21	22.47
Tamis n° 100 (38 fils par centimètre).................	26.37	25.65
Tamis n° 120 (45 fils par centimètre).................	11.27	10.22
Partie passant au tamis n° 120	37.65	41.46
TOTAUX.....................	100.00	100.00

Environ 40 p. 100 de ces sables est formé de grains inférieurs comme dimension à un cinquième de millimètre, et cette partie je n'ai pu la classer, n'ayant point trouvé dans le commerce de tamis plus fins que le n° 120. Le reste est formé de grains supérieurs à cette dimension, mais n'excédant pas un tiers de millimètre.

Les différents lots sableux ainsi séparés du sable n° 10 ont été introduits dans des tubes de cristal calibrés du diamètre de 23 millimètres à l'intérieur et de 50 centimètres de longueur, fermés à la base par une toile. Le sable a été tassé légèrement, puis les tubes ont été suspendus verticalement au-dessus d'un vase, de manière que leurs extrémités inférieures fussent maintenues au même niveau. On a introduit ensuite assez d'eau pour mouiller sur 2 millimètres de hauteur l'extrémité des tubes. Le tableau suivant renferme les chiffres d'ascension capillaire observés sur ces lots de sable à grains de grosseur différentes et sur l'échantillon même du sable n° 10.

ASCENSION CAPILLAIRE EN CENTIMÈTRES DE HAUTEUR.

TEMPS ÉCOULÉ depuis le départ DE L'EXPÉRIENCE.		TAMIS 80. — GRAINS de $0^{mm},30$ environ.	TAMIS 100. — GRAINS de $0^{mm},26$ environ.	TAMIS 120. — GRAINS de $0^{mm},22$ environ.	PASSANT AU TAMIS 120 (moins de $0^{m},22$ environ.)	SABLE N° 10 NATUREL.
Après	5 minutes	10.5	11.5	12.0	12.5	12.5
	10 minutes	11.5	12.5	13.5	15.5	15.5
	20 minutes	12.0	14.0	16.0	18.5	18.0
	35 minutes	13.0	14.5	16.5	21.5	21.0
	1 h. 20	13.5	15.5	17.5	25.0	24.5
	3 h. 40	14.0	17.0	20.0	27.0	26.5
	5 heures	15.0	18.0	La quantité de sable a manqué pour remplir le tube.	28.0	28.0
	9 h. 1/2	16.0	19.5		28.2	28.5
	18 heures	16.5	20.5		28.5	29.5
	25 heures	16.7	20.8		28.8	29.9
	50 heures	17.0	21.0		29.3	30.3
	171 heures (7 jours 3 heures)	17.3	22.0		30.3	32.0
	700 heures (29 jours)	21.5	24.5		37.5	36.5

L'influence de la grosseur des grains est manifeste dans cette expérience et montre combien la capillarité est accrue pour de petites différences de dimensions en moins. Ce qui peut paraître surprenant, c'est que le sable n° 10 a offert une ascension capillaire aussi active que celle du lot le plus fin qui en avait été extrait. Mais ce résultat s'explique par la présence dans ce lot fin de la partie impalpable du sable dont la proportion relative se trouve accrue par la séparation du sable plus grossier. C'est là, du moins, l'explication qu'il semble naturel d'admettre pour rendre compte de cette apparente anomalie.

Le sable n° 12 nous a servi à réaliser une autre expérience dans des tubes exactement conformes aux précédents. L'échantillon a été divisé en deux parties aussi homogènes que possible. L'une a été laissée telle quelle. L'autre a été traitée par des proportions ménagées d'acide chlorhydrique jusqu'à décalcification complète. Puis le sable a été lavé à fond, en entraînant la portion impalpable résultant de l'attaque acide. Sans aucun doute, on a du même coup entraîné l'impalpable du sable, dont la proportion était d'ailleurs fort minime (1.43 p. 100). Le sable ainsi décalcifié et lavé a été séché et introduit, comme le sable naturel, dans un tube de cristal. L'ascension capillaire a été examinée comparativement dans chacun de ces sables.

ASCENSION CAPILLAIRE EN CENTIMÈTRES DE HAUTEUR.

TEMPS ÉCOULÉ DEPUIS LE DÉPART DE L'EXPÉRIENCE.		SABLE NATUREL N° 12.	LE MÊME DÉCALCIFIÉ.
		centimètres.	centimètres.
Après.....	40 minutes............................	26 5	21 5
	1 heure 40............................	28 5	23 0
	2 heures 40............................	29 5	23 5
	6 heures............................	30 0	24 0
	24 heures............................	31 5	29 0
	22 jours............................	37 5	34 5

La soustraction du calcaire a donc diminué très notablement le pouvoir d'ascension capillaire du sable. Cependant l'échantillon décalcifié, qui, du fait de cette opération, avait été purifié de toute trace d'impalpable, se trouvait placé de ce chef dans de meilleures conditions apparentes que le sable naturel. La discussion de cet essai ne sera possible qu'après des expériences complémentaires que nous nous proposons de faire ultérieurement sur diverses variétés de sable.

L'appréciation du niveau occupé par l'eau dans les tubes est souvent assez difficile dans ces essais, si l'on n'opère pas le remplissage des tubes avec certaines précautions. Il importe tout d'abord de mélanger avec beaucoup de soin les échantillons de sable en agissant dans une capsule et avec une carte, de manière à éviter tout roulement des grains les uns sur les autres. En faisant couler le sable, il s'opère une séparation entre les grains de différentes tailles. Pour que les tubes soient remplis d'une manière homogène, il faut introduire le sable avec un entonnoir, de manière qu'il tombe *verticalement* au centre du tube, sans rouler sur ses parois. Il faut l'introduire par petites quantités, puisées à mesure dans la masse mélangée de la capsule, et à mesure tasser le sable dans les tubes en leur donnant un choc vertical. Lorsque le remplissage a été effectué dans de telles conditions, l'ascension est régulière et se produit simultanément à la même hauteur dans toute la tranche du sable. Si, au contraire, le tube a été incliné au moment du remplissage, l'ascension est irrégulière et l'appréciation du niveau moyen d'imbibition devient impraticable.

On voit que, dans les premiers instants, l'ascension capillaire se produit avec une très grande rapidité qui rendrait l'observation comparative difficile sur un grand nombre de tubes. Après une demi-heure, elle peut être suivie aisément. C'est très lentement qu'elle se produit ensuite, lorsque le niveau de la colonne d'eau surpasse 0 m. 20 ou 0 m. 25. Comme, à mesure que l'eau monte plus haut, il n'y a que les interstices capillaires les plus étroits qui s'imbibent d'eau, la démarcation de la tranche humide devient moins nette et exige plus d'attention pour être distinguée.

J'ai analysé tous les sables désignés dans le tableau précédent, qui renferme leur analyse physico-chimique et en même temps leurs provenances et conditions de prises. Les tableaux qui suivent renferment les résultats obtenus avec indication du numéro de l'échantillon.

ANALYSE CHIMIQUE DES SABLES DU DELTA DU RHÔNE SUR 100 DE TERRE SÈCHE.

NUMÉROS DES ÉCHANTILLONS.	1	2	3	4	5	6	7	8	9	10	11	12	13	14	15	16	17
Azote	0.095	0.067	0.050	0.035	0.030	0.068	0.077	0.014	0.035	0.017	0.025	0.015	0.070	0.049	0.030	0.037	0.069
Acide phosphorique	0.112	0.101	0.094	0.078	0.069	0.104	0.094	0.069	0.078	0.101	0.077	0.093	0.135	0.150	0.129	0.124	0.150
Acide sulfurique	0.060	0.047	″	″	0.020	″	″	″	″	″	″	″	0.030	0.025	″	″	″
Potasse	0.213	0.200	0.082	0.070	0.062	0.094	0.091	0.062	0.093	0.059	0.060	0.060	0.111	0.085	0.065	0.076	0.111
Soude	0.064	0.056	0.038	0.067	0.056	0.038	0.038	0.019	0.036	0.032	0.048	0.015	0.032	0.059	0.061	0.027	0.042
Magnésie	0.666	0.530	0.320	0.560	0.520	0.587	0.586	0.421	0.629	0.480	0.547	0.530	0.404	0.157	0.437	0.530	0.520
Carbonate de chaux	31.500	32.40	16.830	18.300	19.30	19.80	20.20	24.50	22.50	23.60	21.41	27.65	18.40	34.45	22.10	22.15	21.45
Alumine	1.930	3.650	1.32	2.610	1.549	1.292	2.71	1.066	3.40	2.08	2.02	1.278	2.71	3.50	2.310	1.252	3.16
Oxyde de fer	1.700		1.21		1.250	1.358		1.264				1.242				1.216	
Chlore	″	″	″	″	″	″	″	″	″	″	″	″	″	0.031	″	″	″
Silice et silicates insolubles calcinés	56.636	59.676	77.92	77.024	76.792	74.832	74.544	70.851	71.564	71.824	74.468	68.28	74.844	59.556	73.90	74.25	72.00

NUMÉROS DES ÉCHANTILLONS.	18	19	20	21	22	23	24	25	26	27	28	29	30	31	32	33	34
Azote	0.099	0.043	0.107	0.056	0.064	0.040	0.082	0.058	0.070	0.040	0.046	0.113	0.079	0.082	0.130	0.055	0.042
Acide phosphorique	0.148	0.078	0.096	0.130	0.140	0.122	0.138	0.106	0.130	0.126	0.111	0.165	0.128	0.134	0.180	0.137	0.076
Acide sulfurique	0.028	″	″	0.115	0.050	0.030	″	″	″	″	″	0.040	″	0.015	0.045	0.025	″
Potasse	0.163	0.066	0.073	0.399	0.198	0.129	0.210	0.078	0.085	0.085	0.074	0.316	0.181	0.153	0.222	0.236	0.075
Soude	0.069	0.034	0.069	1.732	0.050	0.048	0.029	0.032	0.050	0.043	0.042	0.087	0.055	0.057	0.051	0.101	0.056
Magnésie	0.648	0.530	0.578	1.657	0.684	0.731	0.462	0.547	0.478	0.580	0.334	0.892	0.606	0.597	0.714	0.860	0.612
Carbonate de chaux	22.10	17.30	17.566	30.30	24.40	19.00	21.70	20.40	18.76	22.28	20.00	25.25	20.30	20.25	22.44	26.40	18.24
Alumine	4.06	1.080	2.544	5.25	3.53	2.75	2.83	0.997	1.840	2.53	2.68	5.25	2.90	2.85	3.35	4.94	2.298
Oxyde de fer		1.300						1.283	1.332								
Chlore	″	″	″	2.183	″	″	″	″	0.020	″	″	″	″	″	″	0.028	″
Silice et silicates insolubles calcinés	68.264	78.90	76.29	52.608	67.256	73.70	73.88	76.128	77.33	73.972	74.796	69.604	72.536	72.568	66.50	62.964	78.26

Les sables des dunes rhodaniennes sont d'une extrême pauvreté en azote. Si l'on choisit les échantillons sur les parties dénudées des dunes, les teneurs en cet élément varient entre 0 gr. 140 et 0 gr. 250 par kilogramme. Au pied des dunes, dans les parties boisées, la teneur du sol augmente dans les couches supérieures. Dans les dunes basses, la couche du sous-sol, souvent mêlée d'une proportion notable d'éléments fins, est au contraire plus riche que le sable maigre supérieur. Dans l'étendue de la dune, la proportion d'azote est en somme très variable, mais toujours faible si l'on écarte les débris organiques de la surface et si l'on considère la couche de 0 m. 50 d'épaisseur.

Les chiffres suivants représentent la teneur en azote, par kilogramme, des sables de montilles en place que j'ai étudiés.

N° 8. — Montille basse, près du canal, à l'ouest d'Aigues-Mortes. Couche de 0 m. 50	0g 140
N° 9. — Sous-sol formé d'un sable agrégé, à 1 mètre de profondeur	0 350
N° 10. — Montille, à Corbières. Échantillon moyen de plusieurs fouilles, à 0 m. 50 dans le haut et le bas de la montille	0 170
N° 11. — Autre montille, à Corbières. Échantillon moyen, à 0 m. 50 dans le milieu de la montille	0 250
N° 19. — Montilles basses, boisées en pins pignons, près de la Rhée-Longue, quartier du Sauvage (petite Camargue). Échantillon pris près d'un grand pin, à 0 m. 40	0 430
Montilles boisées { au Mas de Roy (0 m. 50)	0 330
Montilles boisées { du Clamadou (0 m. 50)	0 360
Montille, à Faraman (d'après MM. Risler et Colomb-Pradel [1])	0 365

Les sables de montilles nivelées, en général moins purs que celui des montilles en place, à cause du mélange que produit le nivellement avec les sous-sols un peu gras, accusent une moindre pauvreté en azote et même parfois une richesse notable, si le sol est depuis longtemps fumé ou soumis à des empaillages abondants.

J'ai analysé un grand nombre de ces sables, cultivés en vigne, et, quoique les titres figurent déjà dans les tableaux plus haut donnés, je les reproduis ci-dessous pour les rapprocher d'observations faites par d'autres auteurs, et aussi afin de les classer par rapport aux sables argileux, qui n'offrent pas l'immunité phylloxérique.

	AZOTE par kilogr.
N° 3. — Vigne Robert, au N.-O. d'Aigues-Mortes. Couche superficielle de 0 m. 30 d'épaisseur	0g 500
N° 4. — Même vigne, sous-sol, à 0 m. 50 de profondeur	0 350
N° 5. — Même vigne, sous-sol, à 1 mètre de profondeur	0 300
N° 6. — Vigne Lasserre, à l'est d'Aigues-Mortes. Couche de 0 m. 40	0 680
N° 7. — Sous-sol du précédent, à 0 m. 75	0 770
N° 13. — Sables foncés entourés de marais. Vigne de Pradet, propriété Louis Gros	0 700
N° 14. — Sous-sol sablo-marneux du précédent	0 490
N° 15. — Sables profonds (Neblons, couche de 0 m. 65), propriété Louis Gros	0 300
N° 16. — Le Tombeau, pièce en vignes depuis 1878 et autrefois cultivée en mûriers, propriété Louis Gros	0 370

[1] *Dans quelles limites l'analyse chimique peut-elle servir à déterminer les engrais dont elles ont besoin?* Risler et Colomb-Pradel, p. 57. Nancy, 1887. Berger-Levrault, édit.

	AZOTE par kilogr.
N° 20. — Exploitation du Grand-Radau au quartier du Sauvage, petite Camargue. Sables cultivés en vignes et recevant de forts empaillages. Couche de 0 m. 50	1g 070
N° 21. — Sous-sol argileux, près du marais de la Rhée-Longue	0 560
N° 25. — Layalle. Sables entourés de marais. Partie où les vignes sont belles	0 580
N° 26. — Layalle. Partie où les vignes sont faibles, dans une dépression légère	0 700
N° 27. — Vignoble de Badet (0 m. 50)	0 400
N° 28. — *Idem*	0 460
N° 30. — Mas de Roy. Vignes dans le sable	0 790
N° 31. — Même domaine. Autre pièce très fumée	0 820
N° 34. — Mas de la Ville. Vigne dans les sables	0 420

M. Müntz a donné les chiffres suivants [1] :

Moyenne des 4/5 du vignoble de Jarras, à la Compagnie des Salins du Midi. Sables profonds de 0 m. 60	Sol	0g 270
	Sous-sol	0 270
Partie moins fertile et moins profonde dans le même domaine, sur 1/5 de la surface de la propriété. Profondeur, 0 m. 40	Sol	0 200
	Sous-sol	0 100

MM. Risler et Colomb-Pradel [2] ont indiqué :

Pour un sable cultivé en vignes sur le Cordon de la Sylve, près Aigues-Mortes ... 0g 312

Dans la catégorie des sables argileux, les teneurs en azote sont constamment supérieures; ces sols sont infiniment plus fertiles et seraient préférés pour la culture des vignes, si la vigne n'y disparaissait point sous les attaques du phylloxéra.

	AZOTE par kilogr.
C'est ainsi que le sable n° 1 amendé, près d'Aigues-Mortes, avec les curures du canal contient	0g 950
Et dans son sous-sol (n° 2)	0 670
N° 17. — La Cépade, à Corbières (ayant reçu des eaux limoneuses)	0 690
N° 18. — La Pinède, à Corbières (ayant reçu des eaux limoneuses)	0 990
N° 22. — Cabane d'Astoin. Sables gras	0 640
N° 23. — Maguelonne. Sables gras	0 400
N° 24. — *Idem*	0 820
N° 29. — Badet. Sables gras	1 130
N° 32. — Mas de Roy. Sables gras	1 300
N° 33. — *Idem*	0 550

La nécessité de fumures azotées abondantes est connue de tous les viticulteurs qui exploitent les sables. Ils emploient des fumures annuelles, particulièrement sous forme de tourteaux de sésame dégraissés par le sulfure de carbone à la dose de 0 kilogr. 300 à 0 kilogr. 500 par pied de vigne, c'est-à-dire par hectare 1,400 à 2,200 kilogrammes. C'est là une riche fumure azotée, car ces tourteaux renferment en moyenne 6.5 p. 100 d'azote, et l'hectare reçoit ainsi, par année, 90 à 150 kilogrammes d'azote organique.

[1] *Annales agronomiques*, 1894, t. II, 1er fasc., p. 28 et suivantes.
[2] Ouvrage cité, p. 150.

« Des sols sableux (écrit M. Müntz[1]) comme ceux dont il s'agit (vignoble de Jarras) consomment rapidement les engrais azotés, la nitrification étant facilitée par la perméabilité de la terre. Il faut donc s'attendre à voir une portion seulement de cet azote entrer en jeu pour la nutrition de la plante, et le reste se perdre dans le sous-sol. Aussi le besoin d'engrais se renouvelle-t-il annuellement.

« On ne peut pas, en appliquant ces fumures azotées intensives, espérer enrichir le sol suffisamment pour que, à un moment donné, on puisse arrêter l'apport d'engrais. On se trouve donc en présence d'un sol qui, comme on dit, dévorant les engrais azotés, en exige le renouvellement au début de chaque année culturale. Cependant cet azote organique doit encore être préféré à l'azote minéralisé sous forme de nitrate de soude ou de sulfate d'ammoniaque.

« Dans les sols essentiellement perméables, dont les pluies enlèvent pour ainsi dire intégralement les éléments solubles, le nitrate de soude ne semble point désigné, à moins qu'on ne le donne par fractions successives, après que les pluies ont enlevé la dose précédente. Mais ce serait là une pratique culturale d'une application délicate et coûteuse et dont l'efficacité serait subordonnée à la fréquence et à l'abondance des pluies, c'est-à-dire à des circonstances atmosphériques impossibles à prévoir.

« Quant au sulfate d'ammoniaque, son apport à des sols légers et très calcaires donne lieu à des observations analogues. Dans de pareilles conditions, en effet, la nitrification de l'ammoniaque est extrêmement rapide et l'on se trouve pour ainsi dire dans le cas d'un apport de nitrate.

« Les engrais organiques, au contraire, mettent une certaine lenteur à nitrifier, et il n'est pas impossible que la récolte suivante retrouve encore quelque peu de l'azote échappé à la nitrification dans le cours de l'année précédente. De plus, la matière organique carbonée dans laquelle cet azote se trouve engagé, tout en subissant une combustion active, n'en reste pas moins dans la terre pendant une partie de l'année culturale et contribue à retenir l'humidité dans le sol, qui se trouve ainsi avoir plus de fraîcheur. L'emploi des engrais organiques dans le cas spécial dont il s'agit est donc judicieux. »

Ces réflexions et observations de l'éminent professeur de l'Institut national agronomique sont à retenir. Dans l'important travail qu'il a publié sur la statique des vignobles de France, il a démontré en outre, en parlant du vignoble de Jarras, l'écart considérable qui existe entre la proportion d'azote contenue dans les produits de la vigne et celle appliquée sous forme de fumure.

		PAR HECTARE.
Azote.....	absorbé annuellement par la vigne	59 kilogr.
	apporté par la fumure	151

(500 grammes de tourteau de sésame sulfuré par souche.)

Cette disproportion montre tout l'intérêt que peut présenter un champ d'expérience dans les sables du littoral pour déterminer quelle est la meilleure forme à choisir pour l'apport de l'azote. Dans un travail antérieur, M. Müntz a étudié la rapidité très

(1) *Annales agronomiques*, volume cité, p. 33.

inégale avec laquelle se détruisent différentes matières azotées en se transformant en nitrates sous l'influence des ferments. Certaines d'entre elles, dont la décomposition est lente, peurraient être essayées en comparaison avec le fumier et les tourteaux. Dans ce milieu spécial si perméable des sables, on est porté à penser que la présence de l'humus doit jouer un rôle des plus utiles, tant dans le but de modifier l'état physique du terrain que pour lui conférer un pouvoir absorbant qui fait défaut. Les engrais azotés qui seraient capables de laisser beaucoup d'humus et qui offriraient la propriété de se nitrifier lentement permettraient peut-être de réduire les pertes d'azote. On sait que dans les sols perméables, les fumiers consommés et riches en humus, qui contiennent l'azote à l'état insoluble, fournissent de meilleurs résultats que les fumiers dont la fermentation est incomplète. La question est d'autant plus intéressante que, suivant toutes probabilités, la fumure azotée est la seule vraiment indispensable dans les sables du delta.

L'acide phosphorique s'y trouve en effet en proportions très notables, surtout si l'on tient compte de la facilité extrême avec laquelle les racines se ramifient et pénètrent dans les sables, où elles se développent en chevelus abondants. La liste qui suit renferme les dosages d'acide phosphorique des différents échantillons que j'ai étudiés. J'y ai joint les analyses d'autres auteurs.

1° Sables de montilles en place :

	Acide phosphorique par kilogr.
N° 8. — Sol. Montille basse, à Aigues-Mortes	0g 690
N° 9. — Sous-sol. Montille basse, à Aigues-Mortes	0 780
N° 10. — Montille, à Corbières	1 010
N° 11. — *Idem*	0 770
N° 19. — Montille basse, près la Rhée-Longue (petite Camargue)	0 780
Montille à Faraman (Risler et Pradel)	0 596

2° Sables nivelés et cultivés en vignes :

N° 3. — Vigne Robert. Couche de 0 m. 30	0g 940
N° 4. — Sous-sol, à 0 m. 50	0 780
N° 5. — Sous-sol, à 1 mètre	0 690
N° 6. — Vigne Lasserre, à l'est d'Aigues-Mortes	1 040
N° 7. — Sous-sol, à 0 m. 75	0 940
N° 13. — Sables foncés entourés de marais. Vigne du Pradet	1 350
N° 14. — Sous-sol marneux	1 500
N° 15. — Sables profonds. Couche de 0 m. 65. Neblons à Corbières	1 290
N° 16. — Le Tombeau, cultivé en vignes depuis 1878	1 240
N° 20. — Grand Radau. Sol	0 960
N° 21. — Sous-sol argileux	1 300
N° 25. — Layalle. Vignes belles	1 060
N° 26. — Layalle. Partie de vignes faibles	1 300
N° 27. — Vignes à Badet	1 260
N° 28. — *Idem*	1 110
N° 30. — Mas de Roy	1 280
N° 31. — *Idem*	1 340
N° 34. — Mas de la Ville	0 760

M. Müntz a trouvé à Jarras :

Partie la plus fertile : les 4/5 du domaine...	Sol........................	0^g 820
	Sous-sol....................	0 850
Partie la moins fertile : le 1/5 du domaine...	Sol........................	0 680
	Sous-sol....................	0 700
Couche salée amère, à 0 m. 80 de profondeur...		0 890

M. Audoynaud a analysé trois échantillons de sables pris à Listelle, dans les dunes les plus récentes. Le n° 3 est le plus fertile et borde un canal :

	ACIDE PHOSPHORIQUE par kilogr.
N° 1......................................	0^g 800
N° 2......................................	0 700
N° 3......................................	1 100

La richesse en acide phosphorique varie donc, pour les sables du delta du Rhône, entre 0 gr. 700 et 1 gr. 300 par kilogramme, chiffres relativement élevés, si l'on tient compte de la profondeur des sables cultivés, qui atteint en général 0 m. 60 à 0 m. 80 et souvent plus de 1 mètre, si l'on tient compte surtout, ainsi que nous l'avons mentionné plus haut, de la facilité que les racines rencontrent pour se multiplier dans ce milieu perméable. Les fumures phosphatées sont inusitées dans les sables, car depuis longtemps on a reconnu qu'elles ne marquaient pas. D'ailleurs la proportion de ce corps qui existe dans les engrais, les tourteaux par exemple, lorsqu'on les emploie à aussi hautes doses qu'à Aigues-Mortes, est plus que suffisante pour compenser la quantité d'acide phénique absorbée par la récolte de la vigne. C'est un fait que M. Müntz a mis en évidence.

Les sables gras, ainsi que le montre déjà l'analyse de quelques sous-sols plus haut mentionnés, sont bien plus riches en acide phosphorique que les sables mobiles. Tandis que, dans les sables maigres et profonds, la proportion de ce corps tend à diminuer en profondeur par rapport à la couche superficielle, elle augmente, au contraire, dans les sables limités à peu de distance par un sous-sol gras. Les analyses suivantes se rapportent aux sables agrégés qui n'offrent plus l'immunité phylloxérique. Les dosages d'acide phosphorique de ces sols sont analogues à ceux des sols alluviaux de la Camargue, parmi lesquels d'ailleurs plusieurs d'entre eux pourraient être classés. Lorsque les dépôts éoliens ont été peu importants ou que des dunes basses ont été nivelées à un niveau tel que des eaux limoneuses ont pu les recouvrir par moments, la démarcation entre les sols alluviaux et les sols d'origine éolienne disparaît.

	ACIDE PHOSPHORIQUE par kilogr.
N° 1. — Sable amendé avec les curures du canal d'Aigues-Mortes...........	1^g 120
N° 2. — Sous-sol du même........................	1 010
N° 17. — La Cépade. Sables nivelés à Corbières ayant reçu des eaux limoneuses du Vistre et du Vidourle..................	1 500
N° 18. — La Pinède. Sables nivelés à Corbières ayant reçu des eaux limoneuses du Vistre et du Vidourle..................	1 480
N° 22. — Sables gras, aux Cabanes d'Astoin..................	1 400
N° 23. — Sables gras, à Maguelonne..................	1 220
N° 24. — *Idem*..................	1 380
N° 29. — Sables gras, à Badet..................	1 650
N° 32. — Sables gras, au Mas de Roy..................	1 800
N° 33. — *Idem*..................	1 370

On rencontre en Camargue beaucoup de sols analogues qui ont pu se former soit par la rupture des dunes sur des cordons littoraux anciens, soit par l'effet de la mer pénétrant dans les lagunes ou par les diramations du fleuve.

La potasse soluble dans les acides est parfois très peu abondante dans les sables de dunes, et, si l'on s'en tenait trop étroitement aux conventions admises pour l'interprétation des analyses, on serait amené à conclure que l'intervention des fumures potassiques est nécessaire.

Les montilles en place ont accusé les teneurs qui suivent, par kilogramme de sable sec :

N° 8. — Montille basse, à Aigues-Mortes. Sol	0g 620
N° 9. — Montille basse, à Aigues-Mortes. Sous-sol	0 780
N° 10. — Montille de Corbières	0 590
N° 11. — *Idem*	0 600
N° 19. — Montilles basses, à la Rhée-Longue	0 660
Montille, à Faraman (Risler et Pradel)	1 445

Les sables nivelés et consacrés à la vigne ont donné les taux qui suivent :

N° 3. — Vigne Robert. Couche de 0 m. 30	0g 820
N° 4. — Sous-sol, à 0 m. 50	0 700
N° 5. — Sous-sol, à 1 mètre	0 620
N° 6. — Vigne Lasserre	0 940
N° 7. — Sous-sol, à 0 m. 75	0 910
N° 13. — Sables foncés. Vigne du Pradet	1 110
N° 14. — Sous-sol marneux	0 850
N° 15. — Sables profonds, neblons, à Corbières	0 650
N° 16. — Le Tombeau, cultivé en vignes depuis 1878	0 760
N° 20. — Grand Radau	0 730
N° 21. — Sous-sol argileux et salé	3 990
N° 25. — Layalle. Vignes belles	0 780
N° 26. — Layalle. Partie de vignes faibles	0 850
N° 27. — Badet	0 850
N° 28. — *Idem*	0 740
N° 30. — Mas de Roy	1 810
N° 31. — *Idem*	1 530
N° 34. — Mas de la Ville	0 750

A Jarras, d'après M. Müntz :

Partie la plus fertile : les 4/5 du domaine	Sol	0g 810
	Sous-sol	0 910
Partie la plus faible : le 1/5 du domaine	Sol	0 970
	Sous-sol	1 030
Couche salée amère, à 0 m. 80		1 270

La richesse des sables purs des dunes du delta du Rhône en potasse soluble à chaud dans les acides est donc, pour la plupart des échantillons, inférieure à 1 millième. Quelques sables riches et fortement fumés, tels que ceux du Mas de Roy, dépassent notablement cette teneur; mais ce sont là des exceptions. Or, d'après les conventions admises, l'emploi des engrais potassiques devient utile dès que la teneur n'atteint pas 1 gramme par kilogramme. Encore est-ce là le chiffre réduit admis par MM. Risler et Colomb-Pradel pour la potasse soluble dans l'acide nitrique et la terre soumise à l'attaque sans pulvérisation. MM. de Gasparin et Joulie ont admis des moyennes plus élevées. Nos attaques ont été faites dans les conditions indiquées par MM. Risler et Pradel, et nous croyons néanmoins que cette moyenne basse, fixée par eux, est trop élevée pour des sols qui contiennent, comme les sables de dunes du Rhône, une grande proportion de débris feldspathiques et micacés. Les sables du Mas de Roy sont particulièrement riches en mica blanc et jaune, d'où peut-être leur teneur plus élevée en potasse. Si l'analyse par l'attaque nitrique n'indique qu'une faible teneur en potasse, l'attaque fluorhydrique met en liberté des quantités considérables de cette base. M. Berthelot a émis cette opinion que rien n'autorise à penser que les plantes sont impuissantes à extraire la potasse engagée dans les silicates insolubles dans les acides. Par contre, M. Schlœsing considère que la potasse utile à la végétation, c'est-à-dire assimilable, est celle seule que les acides faibles et employés à froid, jusqu'à décomposition du carbonate de chaux, peuvent mettre en liberté. Les opinions des agronomes les plus compétents sont donc actuellement peu concordantes, quant à la valeur qu'il convient d'attribuer aux dosages de la potasse. Dans les sables lavés par l'eau des pluies, il est manifeste que la potasse soluble est en proportion négligeable. Cependant l'emploi des engrais potassiques est inusité dans les sables, malgré que les vignes, d'après les observations de M. Müntz sur le vignoble de Jarras, enlèvent annuellement une dose élevée de cet alcali. Les fumures apportent, d'après ses analyses, 33 kilogrammes par hectare de potasse, tandis que les produits de la vigne en enlèvent 72 kilogrammes. Tout en insistant sur la grande importance des fumures azotées, M. Müntz ajoute : «Peut-être y aurait-il avantage à y associer des sels potassiques». L'éminent chimiste ajoute plus loin, en constatant cette disproportion entre la potasse apportée par les fumures et celle extraite par la vigne : «Pour la potasse, il est probable que celle qui se trouve dans l'eau de mer intervient dans une certaine mesure, quoique les racines de la vigne ne pénètrent pas dans ce milieu.»

Nous avons rencontré à Aigues-Mortes, au commencement de l'année 1894, un petit champ d'expérience créé au quartier de la *Pataquière,* par M. Louis Gros, à titre d'enseignement pour les écoles de la ville. C'était une bonne fortune pour constater *de visu* l'influence de cette fumure spéciale. Les résultats très nets marquaient que la fumure azotée seule, fumier, nitrate de soude, avait impressionné les cultures, l'avoine particulièrement. La potasse, l'acide phosphorique, employés seuls ou mélangés, étaient restés sans action. Les sables de la Pataquière sont analogues à ceux analysés sous le numéro 15, qui renferment moins de 1 millième de potasse soluble dans les acides. Il est donc probable que l'apport de fumures spéciales potassiques est superflu dans les sables. Les fumures de tourteau employées comme on le fait à Aigues-Mortes fournissent un quantum de potasse sans doute insuffisant pour la récolte; mais le surplus est emprunté aux sables qui, apparemment, en cèdent suffisamment pour les besoins de la végétation. Une expérience faite sur des sables tout à fait maigres serait toutefois indispensable pour fixer ce point délicat d'appréciation.

Suivant la remarque de M. Müntz, il est d'ailleurs bien probable que la potasse peut être apportée par les eaux marines qui, au voisinage des vignes, pénètrent dans les fossés. La richesse très grande en potasse des sols argileux salés, qui, à une profondeur plus ou moins grande, constituent le sous-sol des îlots sableux, — richesse qui persiste après le lavage des argiles sous l'influence des eaux pluviales, — permet aussi de comprendre comment les racines des vignes peuvent rencontrer cet alcali, là où le sable est insuffisant.

Dès que l'on s'adresse aux sables argileux, les taux de potasse augmentent en effet dans de grandes proportions, ainsi que le démontrent les dosages effectués sur les sables agrégés n'offrant plus l'immunité phylloxérique :

	POTASSE SOLUBLE dans les acides par kilogr. de terre sèche.
N° 1. — Sables amendés par les curures du canal d'Aigues-Mortes	2g 130
N° 2. — Sous-sol du même	2 000
N° 17. — La Cépade. Sables, à Corbières, ayant reçu les eaux limoneuses du Vistre et du Vidourle	1 110
N° 18. — La Pinède. Sables, à Corbières, ayant reçu les eaux limoneuses du Vistre et du Vidourle	1 630
N° 22. — Sables gras, aux Cabanes d'Astoin	3 990
N° 23. — Sables gras, à Maguelonne	1 290
N° 24. — *Idem*	2 100
N° 29. — Sables gras, à Badet	3 160
N° 32. — Sables gras, au Mas de Roy	2 220
N° 33. — *Idem*	2 360

J'ai effectué quelques dosages de la potasse dans le résidu insoluble des attaques par les acides. Je les reproduis ci-dessous en même temps que celui de la potasse soluble pour fixer le taux de la potasse totale existant dans les sables soumis à cet examen :

	POTASSE PAR KILOGRAMME		
	soluble dans les acides.	insoluble.	totale par kilogr.
N° 8. — Montilles, à Aigues-Mortes	0g 620	20g 50	= 21g 12
N° 15. — Neblons, à Corbières	0 650	20 55	= 21 20
N° 13. — Vigne du Pradet	1 110	21 70	= 22 81
N° 27. — Sables de Badet	0 850	20 56	= 21 41

Sous forme de silicates inattaquables aux acides, les sables du delta du Rhône renferment donc de grandes quantités de potasse, plus encore que les sols alluviaux de la Camargue, où cette réserve paraît inépuisable.

Ces sables ne renferment que de très petites proportions d'acide sulfurique. Nous renverrons au tableau général des analyses pour les dosages qui y figurent. Tous renferment de la magnésie dans la proportion d'environ 1/2 p. 100.

Quant au carbonate de chaux, les sables éoliens du delta du Rhône en renferment une proportion élevée, environ un cinquième de leur poids. Les titres en calcaire varient entre 16 et 25 p. 100. La couche du sous-sol est généralement plus riche en carbonate de chaux que le sol et plus riche aussi que la partie profonde de la couche sableuse.

Pour résumer cette étude, nous dirons que les sables de dunes du delta du Rhône constituent un support physique excellent pour les végétaux arbustifs, tels que la vigne, dont les racines peuvent aller chercher profondément l'humidité du sous-sol, généralement formé par une couche argileuse que recouvre une nappe aquifère douce, si les pluies ont été suffisamment abondantes. Quand la masse du sable provenant du nivellement de la montille est suffisamment profonde, les sables peuvent être considérés, malgré leur pauvreté spécifique, comme assez fertiles, sauf en azote, élément pour lequel ils sont très mal pourvus, les sables calcaires étant des milieux très nutrifiants où les substances organiques sont rapidement oxydées et où les matières azotées disparaissent sous forme de nitrates, en grande partie perdus pour la végétation. L'acide phosphorique, au contraire, y figure en quantité notable et apparemment suffisante pour les besoins de la végétation pendant une longue durée de temps, pendant laquelle l'emploi des phosphates sera superflu. La potasse existe en abondance, mais sous une forme insoluble. Toutefois, quoiqu'on ne puisse l'affirmer sans des expériences précises, dans les sables les plus pauvres en potasse soluble, l'emploi des engrais potassiques paraît être peu utile, soit que, sous l'effet des agents atmosphériques et par l'action propre des racines des plantes, la potasse insoluble intervienne pour suffire aux besoins de la végétation, soit que, au voisinage du milieu marin, la potasse du sous-sol argileux, fixée dans l'argile, prenne une part dans la nutrition des racines. Les apports fertilisants peuvent donc être constitués presque uniquement par de l'azote; mais il importe de fournir cet azote sous forme de matières organiques abondantes et lentement destructibles, qui agissent à la fois sur les sables d'une manière favorable par les modifications physiques qu'ils lui confèrent et qui, en ne livrant que peu à peu l'azote assimilable, préviennent une déperdition trop abondante de cet élément. Tel est le rôle des forts empaillages, des fumiers très consommés, des tourteaux de graines qui toutefois sont oxydés rapidement, ce qui oblige à en faire une consommation très exagérée par rapport aux besoins de la végétation.

Nous avons insisté assez longuement sur l'immunité des sables. La cause réelle de cette immunité est encore mystérieuse. La mobilité des sables, leur pureté, la finesse de leurs particules sont peut-être les seules causes de cette immunité, si l'on admet que ces qualités déterminent, par une simple action mécanique, la destruction du parasite de la vigne, l'obstacle à sa pénétration et à sa circulation le long du tronc et des racines. Il est, en tout cas, un fait certain, c'est que dès que les sables renferment assez de parties fines, siliceuses et argileuses impalpables pour s'agréger, l'immunité phylloxérique disparaît. La capillarité ascensionnelle des sables joue incontestablement un rôle dans l'immunité, et cette faculté est fort réduite par de petites proportions d'éléments impalpables. Mais on peut douter que l'eau agisse par elle-même, ainsi qu'on l'a soutenu, c'est-à-dire en asphyxiant le phylloxéra. S'il en était ainsi, les sables faiblement agrégés et non indemnes qui, souvent, existent au voisinage des sables indemnes, qui sont comme eux pénétrés d'eau pendant une partie de l'année, devraient aussi être préservés des atteintes phylloxériques par cette sorte de submersion naturelle. En reliant au contraire l'action de l'eau à l'hypothèse mécanique, c'est-à-dire en admettant que l'eau favorise le tassement du sable et, par suite, l'action mécanique de ses particules sur les phylloxéras introduits dans le sol, on comprend mieux le rôle du pouvoir ascensionnel des sables en ce qui a trait à leur immunité phylloxérique.

L'un des points importants à examiner en ce qui touche l'immunité des sables a trait aux modifications qu'ils peuvent éprouver sous l'influence des fumures. Leurs propriétés physiques, en particulier le pouvoir d'ascension capillaire, n'en sont-ils point modifiés? Le tourteau, par exemple, à cause de son état pulvérulent, donne, malgré la faible proportion qu'on en consomme par rapport à la masse du sol, un état d'agrégation sensible aux particules sableuses, sans doute par suite de l'humidité qu'il y retient. Des engrais organiques pulvérulents et plus lentement décomposables agiraient peut-être d'une manière encore plus marquée. Cette étude est à faire, comme beaucoup d'autres que nous n'avons pu ici qu'effleurer en exécutant quelques essais relativement au pouvoir d'ascension de l'eau dans les sables. Mais il est certain que l'immunité des sables n'a pas à souffrir de ces fumures organiques, tandis que leur fertilité y gagne beaucoup.

Dans la série des sables examinés, il s'en trouve en effet quelques-uns dont la mise en culture est fort ancienne. Le n° 15 du domaine de Corbières est occupé depuis 1878 par la vigne, mais il était depuis bien longtemps auparavant cultivé et planté en mûriers. La pièce du Tombeau, du même domaine (n° 16), est plantée en vignes depuis 1867. Or l'analyse physique montre que ces sables cultivés, amendés par des fumures organiques variées depuis vingt à trente ans, n'ont rien perdu de leur immunité. Ils sont pauvres en substance organique et leur taux en azote est faible (0 gr. 300, 0 gr. 370 par kilogramme). Si ces fumures organiques sont sans inconvénient, parce qu'elles ne laissent que des résideux terreux insignifiants, les composts, vases de marais ou de fossés, curures de canaux, sont, au contraire, — comme l'expérience l'a montré, — d'un emploi dangereux, même à faibles doses, parce qu'ils apportent dans les sables des particules limoneuses impalpables qui suffisent pour les agréger. L'altération, quoique ne portant que sur la tranche superficielle du terrain, celle intéressée par les labours, ouvre la porte au phylloxéra pour toute cette partie du sol. Le seul remède pour des sols qui ont perdu leur immunité du fait de ces apports malencontreux est un défoncement nouveau exécuté de telle manière que le sable pur soit ramené à la surface, tandis que celui sali par les limons sera placé au fond des fossés ouverts pour l'opération.

LE SALANT DE LA CAMARGUE.

Sans la présence des sels nuisibles qui l'imprègnent, la terre de Camargue, dont la profondeur est au point de vue agricole illimitée, serait d'une extrême fertilité. La preuve surabondante en est fournie par l'admirable productivité des «Segonnaux», terres lavées, comprises entre le fleuve et ses digues. Le salant est le fléau véritable de ce territoire, fléau qui s'est accusé de plus en plus, à mesure que les endiguements du Rhône ont mieux résisté à ses crues et que les travaux particuliers, puis ceux de l'État, leur ont donné une stabilité qui rend les incursions du fleuve dans son delta impossibles.

Le remède est dans un système complet de canaux d'irrigations et d'écoulages, travail d'ensemble qui s'impose et qui est indispensable pour la mise en valeur du delta. N'est-ce point une anomalie vraiment choquante de voir ce vaste territoire, si richement doté, annihilé par un mal dont les eaux du Rhône, immédiatement voisines, constituent le remède assuré. Une faible part de ces eaux, qui se perdent à la mer depuis des siècles, suffirait pour modifier en peu d'années une région improductive pour la plus grande partie de son étendue. C'est là sans doute un problème coûteux à réaliser, mais bien digne de fixer l'attention des ingénieurs hydrauliciens, problème mûr maintenant, car la solution en est certaine; il n'existe, en effet, aucun doute sur les résultats du dessalement des terres, quoique l'évidence de ces résultats ait été bien longtemps méconnue, même par d'éminents agronomes.

« Il n'y a point de comparaison possible, écrivait en effet, M. P. de Gasparin [1], entre les *polders* et les terrains salants de la basse vallée du Rhône. Depuis bien des années pour un certain nombre, depuis des siècles pour la plupart, depuis les âges géologiques pour quelques-uns d'entre eux, la communication avec la mer n'existe plus. Ils ont subi constamment l'action des eaux météoriques, les débordements des rivières, l'écoulement des canaux de dessèchement sans communication directe avec les eaux salées et, cependant, leur condition ne s'est pas modifiée.

« Ils sont toujours des terrains salants et le seront encore, ne portant que la végétation caractéristique de ces terrains ». Et M. P. de Gasparin en déduit que l'hypothèse formulée par lui en 1851 [2], au sujet de la cause essentielle de la salure de la Camargue, peut seule rendre compte de cette persistance. Cette salure serait due à *l'existence d'une nappe salée alimentée par des sources salées, dont les émergences viendraient former en Camargue les multiples plaques de sansouires qu'on y rencontre.*

« Puisqu'on trouve encore des terrains salants, ajoute-t-il, à des altitudes de 100 mètres au-dessus du niveau de la Méditerranée, puisqu'une vaste formation gypseuse s'étend de la Sainte-Victoire, près d'Aix, jusqu'à Malaucène, au pied du mont Ventoux, puisque toutes les sources qui émergent dans la basse vallée contiennent en des proportions variées du sel marin, quoique venant à eau courante de la vallée de la Durance; puisque les dépôts de sel gemme sont souvent les associés des formations gypseuses, n'est-il point permis de craindre que les sources salées qui entretiennent la salure d'une partie des sans ouïres ne viennent de dépôts éloignés et indéfinis en étendue, en sorte que *l'assainissement de ces terrains serait pour cette partie-là un problème insoluble.* »

L'hypothèse de M. P. de Gasparin conserve sa valeur pour certains plateaux de la vallée du Rhône où, en effet, le salant peut être le résultat de l'accumulation des produits amenés par le délavage de terrains supérieurs, accumulation créée par l'insuffisance des pluies et la concentration des eaux sous l'influence du climat, mais elle n'est pas admissible pour la Camargue. Barral n'a pas hésité à assigner pour cause unique de la salure de ce territoire sa formation au sein de la Méditerranée et, en vérité, il est difficile d'imaginer une autre cause, quand celle-ci est si naturelle, si apparente même.

Quant à la différence avec les polders de l'Océan du Nord, dont le dessalage s'effectue presque sans difficultés, elle tient à la nature aride du climat méridional et à celui plus aride encore de la Camargue. Cette considération, que l'on n'a pas fait valoir jusqu'ici, nous paraît capitale et de nature à rendre compte par elle seule de l'abondance des efflorescences ou sansouïres en Camargue, de la difficulté du dessalement des terres. L'action de ce climat aride s'est fait sentir depuis longtemps.

Les eaux de la mer retenues dans les lagunes, en arrière des cordons littoraux successifs qui ont pris naissance à mesure des progrès de l'atterrissement, s'y évaporaient sous l'action des vents secs qui règnent en maîtres sur cette plaine. Le delta ne pouvait être que partiellement et à de longs intervalles parcouru par les eaux débordantes du fleuve. Le pouvoir dissolvant des eaux fluviales n'exerçant ses effets que durant de courtes périodes ne pouvait balancer le phénomène de concentration plus général et plus constant. La dépression du Valcarès montre que, dès la première période de formation du delta, la plus grande partie des terres s'est trouvée à l'abri de

(1) Des terrains salants du S.-E. *Comptes rendus, Académie des sciences*, 1er semestre 1883, p. 990.

(2) *Comptes rendus, Académie des sciences*, 1851, t. XXXII, p. 696.

l'incursion des crues. Les apports colmatants se sont constamment portés vers la mer, en accroissant les dimensions du delta sans l'exhausser d'une manière sensible. Seules les eaux météoriques pouvaient avoir une action générale; mais leur proportion était et est toujours insuffisante pour conduire au dessalement; elles n'opèrent qu'un délavage superficiel. On trouvera à la fin de ce mémoire un résumé mensuel des observations udométriques faites en Camargue pour une longue série d'années, et il suffira de parcourir ces tableaux pour constater à la fois l'insuffisance et l'irrégularité des pluies. L'un d'eux comprend les observations faites par la Commission météorologique des Bouches-du-Rhône depuis 1882, dans cinq stations de la Camargue, Arles, l'Etourneau, Giraud, Faraman et les Saintes-Maries. L'autre résume les observations faites à Aigues-Mortes, depuis l'année 1871. Si l'on admet pour la caractéristique d'un climat aride une moyenne minima de 500 millimètres de tombés d'eau annuelle, on verra, en parcourant ces tables, que bien des années sont restées en Camargue très au-dessous de ce chiffre. De plus, il ressort de l'examen de ces mêmes tableaux, que les pluies durent peu et qu'une forte partie du total annuel est le résultat d'orages compensant d'une manière fort insuffisante de longs mois de sécheresses. Ces pluies orageuses ne pénètrent que très incomplètement un sol limoneux et conduisent à la formation des sansouïres, c'est-à-dire, des accumulations du salant dans les dépressions très légères et à peine sensibles du sol, car la planitude générale ne permet guère l'entraînement vers de plus vastes dépressions, telles que le Valcarès et les étangs inférieurs. La permanence du sel est donc bien la conséquence naturelle de l'aridité du climat, caractérisée par l'intensité de l'évaporation superficielle et l'insuffisance ainsi que l'irrégularité des pluies. C'est en cela principalement que les terrains salés du Sud-Est, comme aussi *a fortiori* ceux de l'Algérie et de la Tunisie, diffèrent profondément des plaines salées conquises sur l'Océan.

Le climat aride doit être aussi invoqué comme la cause essentielle du salant dans les terres hautes signalées par M. P. de Gasparin, terres que nous comptons examiner comme suite du présent mémoire. Mais là, l'origine du salant est bien différente, car elle résulte apparemment des phénomènes de délavages de terres supérieures, comprenant des massifs gypseux, tels que ceux signalés par M. de Gasparin, donnant naissance à des sources saumâtres, dont les eaux s'accumulent et s'évaporent dans des plaines formées de terrasses anciennes, plus ou moins élevées au-dessus du niveau de la mer. En Algérie et en Tunisie, les surfaces occupées par des terres salées élevées sont considérables par le seul fait d'une évaporation beaucoup plus active. Telles sont les notions nouvelles que les importants travaux de M. E.-W. Hilgard, de l'Université de Berkeley, en Californie, ont grandement diffusées et qui fournissent une explication rationnelle de la permanence du sel ou de sa présence dans des terrains où l'on avait peine à comprendre les causes de son accumulation.

L'étude des terres salées est entourée de difficultés, car le phénomène du salant est placé sous la dépendance de conditions climatériques qui varient constamment. La végétation manifeste la résultante de ces actions temporaires, tantôt affaiblies, tantôt aggravées du salant. Pour suivre dans le terrain les mouvements des sels solubles, pour apprécier la nocuité plus grande de quelques-uns d'entre eux, il faudrait des observations constantes sur place. J'ai dû me borner à rapporter de Camargue, dans de nombreuses excursions, une foule de matériaux que j'ai ensuite examinés au laboratoire, afin d'élucider au mieux la nature du salant dont souffre ce territoire. Une étude complète ne serait possible que dans les conditions où elle a été opérée dans des pays étrangers, en créant à cet effet des stations expérimentales comme celles de l'État de Californie, stations qui ont fourni des documents importants et qui ont permis de guider les propriétaires dans l'emploi de procédés spéciaux pour combattre une certaine nature de salant, le salant alcalin.

Cette recherche de la nature des sels d'efflorescence qui apparaissent sur les terres était particulièrement intéressante. En Amérique, dans les États de Californie et de Washington, en Asie dans l'Inde, en Europe dans la basse plaine hongroise, enfin en Afrique, notamment en Égypte et au Fezzan, on a reconnu que le chlorure de sodium, ou sel marin commun, n'était pas toujours la seule substance nuisible à incriminer. D'autres corps agissent à des doses beaucoup plus faibles, notamment le carbonate sodique. Ces notions nouvelles ont été introduites dans l'examen des régions salées et particulièrement des contrées arides, à la suite des remarquables études entreprises en Californie, par M. le professeur E.-W. Hilgard, directeur de la station agronomique de Berkeley. Un résumé des travaux de ce savant agronome figure dans le beau mémoire qu'il a fourni au sujet de l'*Influence du climat sur la formation et la composition des sols*, mémoire qui a paru dans les *Annales de la science agronomique*[1] et qui renferme un chapitre spécial sur les terrains alcalins. Les carbonates alcalins qui ont été signalés comme accompagnant le sel marin et les sulfates alcalins dans ces régions à efflorescences salines sont infiniment plus toxiques pour les plantes que les sels neutres, chlorures et sulfates, etc., et, dans certains milieux, notamment en Californie, ce sont eux qui jouent dans les cultures le rôle le plus néfaste.

Quoique les terres de la Camargue offrent manifestement, avec leurs salsolacées si abondantes, l'exemple du salant maritime ou salant vrai, les observations de M. Hilgard étaient très suggestives au sujet de la présence, néanmoins possible, de manifestations alcalines. La question était intéressante à étudier, car elle se lie intimement au dessalage des terres, par lequel la nature des sels nuisibles peut être modifiée sous diverses influences qui apparaîtront plus nettement au cours de cet exposé.

Nous verrons d'ailleurs qu'en effet, le salant alcalin, quoiqu'il ne joue en Camargue qu'un rôle assez effacé, apparaît quelquefois assez nettement pour que sa présence soit à surveiller.

La réaction qui donne naissance aux carbonates alcalins est, d'après M. E.-W. Hilgard, l'une de celles qui doivent se produire d'une manière universelle, principalement dans les régions arides. Or, la faible abondance et surtout l'irrégularité des pluies place la Camargue près de la limite de ce genre de climat.

« Le fond de la réaction, dit M. Hilgard, consiste dans le fait, qu'en présence de l'acide carbonique libre les carbonates de chaux ou de magnésie, en contact avec des sulfates ou chlorures alcalins, donnent des carbonates alcalins et des sulfates ou chlorures terreux; lequel résultat persiste tant que les sels alcalins continuent à renfermer tant soit peu d'acide carbonique en excès sur le carbonate normal (sesqui-carbonate). Or, dans la nature, pareil excès existe presque toujours, plus particulièrement dans les sols riches en humus, où l'air circulant à l'intérieur est toujours fortement chargé d'acide carbonique; plus l'acide carbonique est en abondance et plus les solutions sont

[1] Revue citée. Neuvième année, t. II, p. 92 et 395. Le mémoire de M. Hilgard a été traduit par M. Villeboutchevitch, qui y a ajouté une bibliographie des terrains salés et des notes fort intéressantes.

étendues, plus l'échange est complet : dans les solutions contenant moins de un gramme par litre, la totalité du sulfate alcalin se transforme en carbonate.

« Des carbonates alcalins se formeront donc sur tous les points où il y aura dégagement actif d'acide carbonique, en présence du carbonate de chaux et des sels neutres de soude ou de potasse, aussi bien dans les sols que dans les marais et étangs, pourvu que ces derniers soient couverts de végétaux en pleine vie ou renfermant des restes végétaux en décomposition ; dans le cas de sulfates alcalins, le phénomène a plus de facilité à amener des résultats définitifs considérables que dans celui de chlorures, à cause du peu de solubilité du sulfate de chaux qui échappe ainsi, pour la plus grande partie, à toute rétroaction possible, tandis que les chlorures terreux resteraient en solution à la fois avec les surcarbonates alcalins.

« Ce qui précède fait comprendre pourquoi l'alcali noir (carbonate de soude) est représenté de préférence dans les bas fonds et surtout dans les vallées très riches en humus; le dégagement très actif d'acide carbonique n'est pas, dans ce cas, la seule condition spécialement favorable; la plus grande humidité, en raison de la topographie et du caractère plus argileux des sols des bas-fonds, a aussi son importance.

« Le carbonate de soude est nocif pour les racines des plantes, qu'il corrode au contact et coupe littéralement. Le dommage est plus grave encore que celui dû à une pareille section, car le sel dissout se répand dans les plaies ouvertes.

« Mais ce ne sont point là les seuls dommages. Le carbonate sodique possède cette propriété de rendre l'argile incoagulable, de telle sorte que, dans les terrains forts, imprégnés de ce sel, les travaux de culture sont rendus impraticables par la compacité du terrain. »

Chaque plaque de terrain alcalin est une dépression imperméable aux eaux. Sous l'effet des sécheresses, des mottes se forment qui sont tout à fait irréductibles. L'alcali dissout l'humus de la terre, de telle sorte que les taches de salant alcalin offrent sur leurs bords une coloration foncée, d'où le nom populaire d'*alcali noir*. Les eaux des flaques alcalines sont également très colorées. Cette dissolution de l'humus conduit à un appauvrissement considérable du sol.

« Un sol alcalin qui est chargé seulement de 0.08 p. 100 de carbonate sodique devient pratiquement inutilisable. Il est clair que les effets de ce sel sont surtout sensibles dans un terrain argileux, à cause de cette propriété qu'il possède, d'empêcher la coagulation de l'argile. »

Dans son important mémoire et dans d'autres publications en langue anglaise[1], il existe divers passages du même auteur qui mériteraient d'être cités et qui caractérisent le salant alcalin observé dans plusieurs vallées californiennes. Le même auteur a fourni dans ces publications des analyses complètes nombreuses des sels solubles extraits des terres et des efflorescences à caractère alcalin. A côté du carbonate de soude, qui existe en proportion plus ou moins grande et quelquefois dominante, on remarque la présence de phosphates et de nitrates alcalins.

Voici encore pour terminer la description des caractères apparents du salant alcalin un passage fort intéressant du mémoire de M. Hilgard :

« 1° Si vous voyez des endroits qui, bien qu'humides, paraissent extérieurement

[1] Quelques-unes des citations de M. E.-W. Hilgard sont empruntées au mémoire qu'il a publié sous le titre suivant : *Alkali Lands, irrigation and drainage in their mutual relations*, 1892.

assez fermes et que, cependant, à l'essai, les hommes ou animaux passent au travers de la mince croûte superficielle et s'enlisent, vous avez affaire le plus souvent à un marécage alcalin;

« 2° Ou bien si vous rencontrez des flaques peu profondes, remplies d'une espèce de bouillie limoneuse au lieu d'eau (il suffit que des oiseaux aquatiques aient une fois, en barbotant dans la flaque, mis en suspension le limon, pour que, dans une eau contenant du carbonate de soude, il ne se dépose plus);

« 3° Si dans une eau courante, vous constatez la vigoureuse propagation d'une espèce particulière d'algue qui flotte çà et là au gré des vents, puis, par morceaux s'arrache pour aller continuer son développement dans des lacs sans issues qu'elle couvre d'épais tapis; on dirait de la flanelle (ce phénomène attire généralement la curiosité des habitants et des voyageurs), vous pouvez encore vous attendre à trouver du carbonate de soude dans l'eau. »

Pour compléter ce qui a trait à la formation des carbonates alcalins dans les terres, nous devons mentionner un important mémoire de M. P. de Mondésir, publié en février 1888, dans les comptes rendus de l'Académie des sciences[1]. L'auteur rappelle que la réaction de Berthollet pour expliquer la formation du *natron* n'a jamais reçu de confirmation expérimentale et qu'elle a même donné lieu à des essais infructueux. Les conditions que l'auteur fait connaître lui ont permis, au contraire, d'obtenir la double décomposition entre le chlorure de sodium et le carbonate de chaux dans une terre riche en humus et très calcaire qui n'avait jamais été cultivée.

« Un kilogramme de cette terre, délayé dans 4 litres d'une solution à 1 p. 100 de sel marin, a transformé en chlorure de calcium environ 15 p. 100 de ce chlorure de sodium. Après des lavages qui ont enlevé la presque totalité des sels, la terre remise dans de l'eau pure a été traitée par l'acide carbonique, et ce traitement par l'eau et l'acide a été répété quatre fois. Les dissolutions ont donné par évaporation, après dépôt de carbonate de chaux, une quantité de carbonate de soude correspondant à la transformation du chlorure de sodium.

« En répétant ces traitements successifs une vingtaine de fois, j'ai obtenu, avec le même kilogramme de terre, plus de 100 grammes de carbonate de soude, que je présente à l'Académie, sous forme de trona (carbonate 4/3). »

M. de Mondésir attribue au pouvoir absorbant de la terre, et en particulier à l'humus qu'elle renfermait en abondance, ces fixations successives de la soude empruntée au sel marin, plus tard restituée dans la solution carbonique : « Ces traitements ne sont point, dit-il, de simples lavages, car en décantant, la première fois, les deux tiers ou les trois quarts du liquide total, on n'en retire même pas la moitié de la soude absorbée par la terre, et il en est de même dans les lavages ultérieurs; les quantités de soude enlevée, au lieu de décroître selon la raison 1/3 ou 1/4, suivent une raison comprise entre 1/2 et 3/5. Ce résultat est d'ailleurs conforme à ce que l'on sait des équilibres qui s'établissent sous l'influence du pouvoir absorbant de la terre. De même si, au lieu de traiter la terre une seule fois par la dissolution de chlorure de sodium, on renouvelle cette dissolution deux ou trois fois, le chlorure de calcium étant ainsi enlevé, la terre absorbe notablement plus de soude. »

[1] Mémoire sur le rôle absorbant des terres dans la formation des carbonates de soude naturels. Ce mémoire a été reproduit dans les *Annales de la science agronomique*, 1891, t. II, p. 386.

L'expérience de M. de Mondésir diffère de celle de M. Hilgard, mais les *réactions* invoquées de part et d'autre par ces auteurs n'ont rien de contradictoire et on doit penser que, dans la nature, elles sont simultanées. En citant la communication de M. de Mondésir, M. Hilgard fait remarquer dans son mémoire [1] que l'intervention de la terre n'est pas indispensable pour obtenir la réaction entre le sel marin et le carbonate de chaux : « La réaction s'accomplit promptement, dit-il, dans une simple dissolution aqueuse et par l'évaporation spontanée, on obtient du surcarbonate de soude cristallisé aussi bien dans le cas d'une solution chlorurée que dans celui d'une solution sulfatée. »

Le salant alcalin n'apparaît, toutefois, comme le montrent les citations mêmes empruntées plus haut à M. Hilgard, que dans des terres humifères, qui constituent un milieu abondamment saturé d'acide carbonique. L'expérience de M. de Mondésir montre que ce sont ces terres, abondamment pourvues en matières organiques, qui offrent aussi pour la soude le plus grand pouvoir absorbant. Pratiquement, l'existence des matières organiques dans la terre semble donc très nécessaire pour ces deux réactions, qui apparemment se superposent.

La réaction se produit toutefois dans de simples dissolutions aqueuses, dès que l'acide carbonique existe en excès, pour former des bicarbonates. Le fait a été nettement établi par une longue série d'essais de laboratoire réalisés par M. E.-W. Hilgard, avec ses collaborateurs assistants de l'Université de Californie, MM. Weber et Jaffa [2]. « On opérait toujours sur un litre de dissolution de sulfate de potasse ou de sulfate de soude, dans lequel du carbonate calcaire précipité était continuellement tenu en suspension, tandis qu'un courant de gaz carbonique traversait durant quarante minutes la liqueur à la température de 18 degrés centigrades. Le premier effet était toujours un léger rougissement du tournesol, dû à l'acide carbonique; mais cette réaction se changeait en une réaction alcaline pendant les premières dix minutes de l'essai, réaction devenant ensuite plus forte avec le temps. Les essais montraient toutefois que le maximum était atteint dans les quarante minutes et qu'il était inutile de prolonger au delà l'opération.

Dans chaque expérience, 100 centilitres étaient versés immédiatement après la clarification du magma, par filtration, et titré pour *alcalinité totale*, comprenant le carbonate calcaire en dissolution carbonique. Quand un sulfate alcalin était employé, le carbonate calcaire non dissous était éprouvé pour y rechercher l'acide sulfurique que l'on y a toujours reconnu présent.

Une autre partie de la solution, versée et clarifiée, était évaporée à sec; le résidu, pesé après dessiccation à 100 degrés centigrades, était lessivé, filtré et l'alcalinité déterminée dans la partie soluble.

Une autre partie était mélangée avec assez d'alcool pour porter le pourcentage à environ 60 p. 100. Cette addition donnait naissance à un précipité gélatineux, qui, après douze heures, se condensait en cristaux de gypse et de carbonate calcaire facilement reconnaissables. La matière filtrée de ce dépôt était également titrée pour son alcalinité.

[1] *Annales de la science agronomique*, mémoire cité.

[2] *On the mutual reactions of carbonates, sulphates and chlorides, of the alkaline earths and alkalies.* E.-W. Hilgard and A.-H. Weber, August 1888. — *Farther experiments on the reactions between alkali sulphates, calcic carbonate, and free carbonic acid.*, by M. E. Jaffa, 19 août 1890.

Ainsi que le montrent les tableaux qui suivent, résumant les expériences faites par M. Jaffa avec du carbonate de chaux précipité *à froid* par le carbonate d'ammoniaque au lieu du carbonate plus cristallin et plus grossier, expérimenté précédemment par M. Weber, et qui avait été précipité à chaud, la réaction d'échange a été complète pour les liqueurs ne renfermant pas beaucoup au delà de 1 gramme par litre pour le sulfate de potasse et 0 gr. 80 pour le sulfate de soude. Dans ces conditions, le montant de bicarbonate de potasse formé par litre a été de 1 gr. 173, celui du bicarbonate de soude 0 gr. 89, c'est-à-dire égal à toute la proportion possible. En évaporant à 100 degrés et titrant l'alcalinité dans le résidu sec lessivé, les quantités d'alcali trouvées sont naturellement beaucoup plus faibles que celles observées à la température ordinaire. Elles représentent environ 1/7 de ces dernières. M. Weber, qui desséchait à 110 degrés centigrades, avait trouvé 1/12. La rétroaction est donc fortement influencée par la température; mais on peut comprendre que l'évaporation aux températures ordinaires, qui généralement s'offrent dans la nature, s'approchera beaucoup des résultats indiqués par les filtrations. Dans les solutions plus riches en sulfates, la réaction est seulement partielle, par rapport à sa limite théorique possible, mais, jusqu'aux environs de 4 grammes par litre, il se forme des quantités croissantes d'alcali. Au delà de cette teneur, les quantités formées ne sont guère accrues et ce taux paraît être, sous les conditions ordinaires de température et de pression, le chiffre pratique de la limite d'action.

Les renseignements qui précèdent sont empruntés, ainsi que les deux tableaux qui suivent, aux brochures en langue anglaise qui nous ont été obligeamment adressées par M. Hilgard.

EXPÉRIENCES AVEC LE SULFATE DE POTASSE. (MM. HILGARD ET JAFFA.)

GRAMMES DE SULFATE DE POTASSE PAR LITRE.	0.25	0.50	0.75	1.00	1.10	1.25	1.50	1.75	2.00	4.00	8.00
Alcalinité totale de la liqueur filtrée en centimètres cubes de liqueur normale H^2SO^4.....	17.76	19.00	19.50	20.10	20.30	20.80	21.20	21.60	22.10	23.70	25.70
Alcalinité résiduaire après précipitation par l'alcool, exprimée de même que ci-dessus......	2.875	5.75	8.68	11.50	11.80	»	15.00	17.40	17.80	23.20	24.70
Carbonate $HKCO^3$ formé en proportion du total possible.....	100.00	100.00	100.00	100.00	93.28	91.12	86.90	86.43	77.39	50.43	26.85
Proportion de $HKCO^3$ formé par litre....................	0.293	0.587	0.881	1.173	1.204	1.337	1.531	1.764	1.816	2.367	2.520
Alcalinité correspondant à $CaCO^3$ en centimètres cubes de liqueur normale H^2SO^4............	14.88	13.25	10.87	8.60	8.50	7.70	6.20	4.20	4.30	1.50	1.00
Poids du résidu desséché à 100 degrés par litre..............	1.177	1.450	1.750	2.026	2.128	2.300	2.600	2.774	3.090	5.170	9.308
Alcalinité résiduaire dans le même en grammes $HKCO^3$ par litre................	0.060	0.100	0.120	0.140	0.160	0.190	0.200	0.210	0.239	0.250	0.260

EXPÉRIENCES AVEC LE SULFATE DE SOUDE. (MM. HILGARD ET JAFFA.)

GRAMMES DE SULFATE DE SOUDE PAR LITRE.	0.25	0.60	0.75	0.80	1.00	1.25	1.50	1.75	2.00	4.00	8.00
Alcalinité totale de la liqueur filtrée en centimètres cubes de liqueur normale H^2SO^4......	19.10	19.50	20.58	20.65	20.82	20.95	21.30	22.30	22.95	25.00	26.20
Alcalinité résiduaire après précipitation par l'alcool, exprimée comme ci-dessus..........	3.521	7.05	10.57	10.60	12.58	15.60	18.04	18.60	19.30	24.10	25.20
$HNaCO^3$ formé en proportion centésimale du total possible.	100.000	100.00	100.00	99.53	89.22	88.44	85.29	75.32	68.43	42.73	22.36
Proportion de $HNaCO^3$ formé par litre................	0.296	0.592	0.889	0.89	1.057	1.290	1.515	1.562	1.621	2.024	2.117
Alcalinité correspondant à $CaCO^3$ en centimètres cubes de liqueur normale H^2SO^4............	15.58	12.45	10.01	10.05	8.24	5.35	3.26	3.70	3.65	0.90	1.00
Poids du résidu desséché à 100 degrés par litre..............	0.924	1.190	1.785	1.840	2.052	2.307	2.571	2.880	3.140	5.276	9.332
Alcalinité résiduaire dans le même en grammes $HNaCO^3$ par litre................	0.035	0.054	0.084	0.108	0.113	0.134	0.168	0.183	0.223	0.252	0.259

« La production d'une réaction alcaline par l'addition d'un acide est assez singulière, écrivent MM. Hilgard et Weber, au point de vue de notre conception des propriétés chimiques. Elle devient encore plus frappante quand, au lieu de dégager l'acide carbonique en dehors de la solution, on produit ce dégagement par addition graduelle et mesurée d'acide chlorhydrique agissant sur le carbonate calcaire même du mélange en expérience, en prenant soin de laisser un excédent suffisant de ce sel non dissous. Là encore, nous obtenons une forte réaction alcaline comme résultat de l'addition d'un de nos acides les plus énergiques à un mélange neutre. Et, ajoutent les mêmes auteurs du travail précité, le rôle de cette expérience *comme spécimen d'un tour de main chimique* ne constitue qu'une mince partie de son intérêt expérimental. Ce qu'il faut considérer, c'est que ces deux sels de sodium, le chlorure et le sulfate, sont les corps les plus abondants qui résultent du lessivage des roches et des terres sous l'action des processus météorologiques, tandis que les carbonates calcaires et magnésiens avec l'acide carbonique libre sont pour ainsi dire universellement répandus dans la nature. On est ainsi amené à apprécier forcément l'importance des réactions entre ces mélanges sous les différentes conditions de température, pressions, dilution et proportions relatives. Il est singulier que parmi le grand nombre de personnes qui ont recherché des sujets de géologie chimique, eaux minérales, formation des gîtes métallifères, chimie des terres, cette réaction remarquable semble être passée inaperçue.

« Une longue perspective de cas dans lesquels cette réaction prend évidemment une part active s'ouvre devant nous, et la recherche de ses limites par des conditions physiques implique la possibilité d'assez de permutations et d'assez de combinaisons pour constituer l'œuvre de plusieurs termes de vies humaines[1]. »

Cette réaction n'avait pas échappé tout à fait cependant à divers observateurs antérieurement aux recherches que nous venons de citer. En 1876, M. P. Pichard avait signalé dans plusieurs eaux de la province d'Oran la présence de carbonates de soude accompagnés de sulfates de soude et de chaux, de chlorures, notamment ceux de calcium et de magnésium, quelquefois de petites proportions de nitrates alcalins, et plus rarement de traces de sels ammoniacaux. Ces eaux, offrant la réaction alcaline, répondaient à une teneur de 0.2 à 20 grammes de carbonate sodique par litre, et la présence presque constante de ce sel était due, d'après l'auteur, à la réaction du chlorure de sodium sur les carbonates de chaux et de magnésie *en présence des matières organiques.* A l'appui de cette manière de voir, c'est-à-dire pour démontrer la nécessité des matières organiques, l'auteur citait plusieurs expériences effectuées en mettant en présence de dissolutions de sel des débris de feuilles et un excès de carbonate de chaux. Le rôle de l'acide carbonique libre n'est point mentionné[2].

En 1878, G. Clœz avait signalé l'obtention artificielle du natron par l'action du carbonate de magnésie et de l'acide carbonique sur le sel marin. En évaporant à l'air libre ou dans le vide les solutions opérées en présence de ce gaz et des sels désignés, il avait obtenu un résidu alcalin renfermant du bicarbonate et du sesquicarbonate de soude, ainsi que du chlorure de magnésium. Le bicarbonate et même le sesquicarbonate ne réagissaient point sur la solution de chlorure de magnésium. Le même auteur considère comme douteuse, dans son mémoire, la réaction de Berthollet (action du carbonate de chaux et de l'acide carbonique sur le sel marin), les bicarbonates ou sesquicarbonates de soude étant, dit-il, décomposés par le chlorure de calcium[3].

Ce sont toutefois les travaux de M. E. W. Hilgard qui ont réussi à attirer sur cette réaction l'attention des agronomes; la recherche des manifestations alcalines dans les terres ou dans les eaux ne s'est imposée qu'à la suite des remarquables publications dans lesquelles cet auteur a montré le rôle si nocif des alcalis sur la végétation, et dans lesquels il a signalé, par de nombreux exemples, les désastres que causaient leur présence dans nombre de régions à climat aride.

J'ai parcouru maintes fois, et en diverses saisons, le territoire de Camargue, afin d'y observer le salant et d'y rechercher en particulier les manifestations alcalines auxquelles il pouvait donner lieu. Mes recherches à l'égard de ce dernier point sont restées longtemps infructueuses; ni les terres, ni les efflorescences recueillies à leur surface dans des conditions variées ne m'avaient offert une réaction alcaline. Cependant les manifestations de cette espèce ne font pas défaut en Camargue, et j'ai réussi, l'année dernière et cette année, à en observer de très caractérisées, mais n'ayant, pour la plupart, qu'une durée temporaire (1894-1895). C'est le caractère souvent très fugitif de ces manifestations qui en rend la recherche incertaine et la constatation souvent difficile.

(1) Traduction libre du mémoire déjà cité de MM. E.-W. Hilgard et Weber.
(2) *Comptes rendus de l'Académie des sciences*, 1876, 2e semestre, p. 1164.
(3) *Comptes rendus de l'Académie des sciences*, 1878, 1er semestre, p. 1446.

La Camargue n'est pas, d'ailleurs, un milieu favorable pour la production du salant alcalin. Les terres sont trop chargées de sel, et cette réaction d'échange ne s'effectue bien que dans des solutions étendues. Les terres sont pauvres en matières organiques et la présence du sel y ralentit beaucoup les oxydations, de sorte que l'acide carbonique nécessaire à cette réaction n'est pas en proportion abondante pour la déterminer. Enfin, il est une circonstance, très importante à nos yeux, qui constitue un obstacle sérieux au développement du salant alcalin, c'est la planitude des terres qui réduit les phénomènes de délavage à de faibles proportions. Il en résulte que les produits de la réaction d'échange restent en présence et n'ont guère de possibilité pour être séparés et pour conduire, sur certains points, au salant alcalin persistant. Cette dernière circonstance est générale pour les régions maritimes et c'est pour ce motif sans doute que les manifestations alcalines n'y ont pas été observées jusqu'ici. Il est à remarquer que le salant alcalin décrit par M. Hilgard, en Californie et pour d'autres régions arides, y est représenté comme une conséquence de phénomènes de délavages.

Telles sont les causes qui agissent en Camargue pour contrarier la formation du carbonate de soude aux dépens du sel marin ou pour neutraliser cette réaction lorsqu'elle se produit. La réaction alcaline apparaît nettement, mais temporairement, lorsque l'une ou l'autre des causes plus haut citées comme un obstacle à sa formation, vient à disparaître. Ainsi, dans les étangs très peu salés, à la suite des pluies d'hiver et de printemps surtout, dans les baisses ou lagunes servant à l'écoulage des terres, dans les fossés, j'ai pu à l'apparition des chaleurs constater fréquemment une réaction alcaline influençant rapidement le papier rouge de tournesol. C'est au voisinage des bords, là où les eaux peu profondes s'échauffent au soleil, que cette réaction est le plus manifeste. Les débris organiques en décomposition, les plantes salées abondantes, favorisent cette alcalisation. Mais l'alcali mis ainsi en liberté n'existe qu'en faible proportion, au point que ces eaux transportées au laboratoire et examinées peu d'heures après leur recueillement ne manifestent le plus souvent qu'une réaction neutre. On remarque alors un léger dépôt calcaire formé sur les parois du verre, près de la tranche supérieure du liquide, dépôt qui accuse la rétroaction et explique le retour à la neutralité. Par contre, en faisant passer dans ces eaux un courant prolongé d'acide carbonique et en les chauffant en même temps vers 20 à 25 degrés centigrades, on dissout le dépôt calcaire et la réaction alcaline reparaît.

On voit donc que la formation du carbonate de soude se produit en Camargue, et dans les circonstances mêmes signalées par M. Hilgard, c'est-à-dire lorsqu'il existe un dégagement de gaz carbonique, une salure pas trop élevée et une température ambiante suffisante pour favoriser la réaction d'échange. Cette formation a lieu dans les baisses, mais il est bien probable aussi qu'elle se manifeste sur les terres et que les eaux pluviales, en lavant les efflorescences salines, apportent dans les points bas où se réunissent les eaux les produits de cette réaction, et particulièrement le carbonate de soude.

A la suite des pluies abondantes et tardives de la fin du printemps de cette année (1895), j'ai constaté dans la Petite Camargue, au voisinage immédiat des montilles de Sylvereal, du Clamadou, de Bransinvert, l'existence très généralisée du salant alcalin. En deux journées du commencement de mai, la quantité d'eau tombée à Aigues-Mortes avait atteint 140 millimètres. Sous l'influence de cette pluie diluvienne, les *launes* ou vallons séparant les montilles étaient, au moment de ma visite, le 16 mai, converties en marécages *alcalins* impressionnant fortement le papier rouge de tournesol.

Une végétation abondante et vigoureuse de plantes salées (*Salicornia sarmentosa* et *fructicosa* dominantes) couvrait ces marécages, très peu profonds, dont les eaux étaient colorées comme une infusion faible de thé. Pris au dépourvu par cette découverte inattendue, je n'avais préparé aucun vase pour le recueillement d'échantillons d'eau, et la région déserte ne permettait pas d'en rechercher.

A peu de distance de la pinède, et à quelques mètres seulement d'un canal de navigation du Rhône, qui borne à l'ouest les bois du Clamadou, les efflorescences salines étaient assez abondantes; elles s'étendaient longitudinalement sur une étroite lisière, parallèle au canal et à la pinède. Ces efflorescences offraient des aspects variés. Auprès des parties grises et blanches, cristallines, comme celles qui abondent en Camargue, on remarquait des taches humides de couleur presque noire, à contours très irréguliers et de faibles dimensions; ces tâches marquaient au tournesol une intense réaction alcaline. Les efflorescences grises limitrophes étaient alcalines aussi, mais à un degré bien moindre. On verra plus loin que ces taches noires, par la présence du carbonate de soude, fort abondant dans la partie soluble, par celle des sulfates et des chlorures alcalins, offrent une analogie complète de composition avec le salant alcalin noir des régions arides. Les espaces imprégnés d'alcali étaient toujours très réduits et pouvaient facilement passer inaperçus, quoique offrant tous les caractères décrits pour ce genre de salant.

On remarquera que dans cette partie du territoire de la Camargue les dénivellations fort accusées des montilles conduisent à des phénomènes de délavage, que les pluies abondantes des jours précédents, accompagnées d'une température élevée, avaient exagéré. Dans les montilles, au bord des launes, j'ai cherché sans succès la présence d'efflorescences analogues aux précédentes. Le délavage avait accumulé l'alcali dans les points très circonscrits signalés précédemment, et là sa persistance était durable, les efflorescences ne renfermant pas de chlorures terreux, ni de sulfate calcique. En juillet et en août suivants, j'ai pu recueillir en effet les mêmes échantillons alcalins sur cette lisière de la pinède, alors que toute trace de marécages avait disparu dans les launes qui ne renfermaient plus que quelques baisses peu étendues, encore garnies d'eau, mais à réaction neutre. Ces marécages alcalins étaient donc en tout comparables aux eaux de quelques baisses temporairement alcalines dont on trouvera plus loin les analyses.

La richesse de ces efflorescences en sulfates alcalins est remarquable, et c'est une condition ordinaire pour les taches d'alcali noir. Cette concentration des sulfates est le résultat sans aucun doute des conditions du délavage et elle contribue principalement à la formation de l'alcali. La réaction d'échange entre le bicarbonate de chaux et le chlorure de sodium est, en effet, sinon plus difficile, du moins bien plus sujette à rétroaction qu'entre le sulfate de soude.

Avant de reproduire les analyses relatives à ces efflorescences, je dois relater, d'une manière plus détaillée, les manifestations passagères du salant alcalin que j'ai observées en Camargue et qui y sont infiniment moins rares que les taches alcalines permanentes telles que celles que je viens de décrire.

Je signalerai d'abord l'existence dans les sols sableux d'un tuf calcaire qui est loin d'y être constant, mais qui n'est pas non plus très exceptionnel, puisque les propriétaires du pays l'ont désigné sous le nom de *cabraou*, tuf résistant, de quelques cent. mètres d'épaisseur, qui généralement est accompagné d'une réaction alcaline des eaux du sous-sol. Avec M. Louis Gros, propriétaire à Aigues-Mortes, qui souvent a bien voulu me servir de guide dans cette région de la basse Camargue qu'il connaît à merveille, j'avais remarqué près d'Aigues-Mortes, et bordant la route, une vigne fortement déprimée à la suite des sécheresses de 1894. Sur ma demande, M. Louis Gros a bien voulu revenir sur ce point et y faire des constatations pour rechercher la présence du tuf que j'avais soupçonnée. La vigne affaiblie, et en certains points mourante (elle a continué depuis lors à dépérir et vient d'être arrachée), a été fouillée jusqu'à 1 mètre de profondeur, niveau auquel l'eau du sous-sol a été rencontrée. A cette même profondeur, la fouille mit à découvert la couche sableuse, fortement agrégée, que les propriétaires du pays désignent sous le nom de *cabraou*, couche qu'il fallut briser à coups de pelle pour s'en procurer des échantillons; au-dessus et au-dessous d'elle on rencontrait le sable mobile des dunes. L'eau baignant cette couche était légèrement alcaline et par places le tuf était coloré en jaune par l'humus dissout.

D'après le propriétaire de la vigne, M. Marchand-Boulanger, des enganes existaient autrefois à cette place et, pour écarter le salant, il avait à diverses époques apporté du sable sur ce point, de manière à relever le terrain d'environ 0 m. 50. Aux alentours, aucune des eaux de mares, baisses ou fossés, n'avait marqué la réaction alcaline.

Le *cabraou* existait par suite à un niveau de 0 m. 50 environ au-dessous du sol primitif. Les propriétaires qui connaissent les propriétés de ce sous-sol, imperméable et malfaisant, l'accusent de détruire les racines des plantes qui arrivent à son contact. Ramené à l'air, le *cabraou* se délite assez rapidement.

Je reproduis ci-dessous l'analyse de l'échantillon du tuf ainsi recueilli, ainsi que celle du sable mobile sur lequel il repose :

	SABLE.	TUF.
Insoluble siliceux	73.20	56.00
Carbonate de chaux	22.01	36.46
Sulfate de chaux	0.03	0.17
Magnésie	0.677	1.357
Oxyde de fer et alumine	2.200	2.650
	98.117	96.637

La consolidation du sable est due, comme le montre cette analyse, à un dépôt de carbonate de chaux. Quant à l'eau recueillie au contact du tuf, elle a laissé par litre un résidu de 11 gr. 70. Sa réaction alcaline, quoique diminuée par une rétroaction manifeste, fut trouvée correspondante pour l'alcalinité totale (comprenant les bicarbonates de chaux et magnésie en solution) à 0 gr. 304 d'acide sulfurique (SO^3) par litre. Le résidu séché de l'eau n'était pas alcalin, et le même résidu calciné ne l'était pas davantage.

L'eau renfermait par litre :

Chlore	4.82
Acide sulfurique	1.51
Magnésie	1.30

La soude, la potasse et la chaux n'ont pas été dosées.

Cette eau du sous-sol est relativement riche en sulfates et en sels magnésiens. Elle justifie par sa composition la qualification d'*eaux amères* par laquelle les propriétaires d'Aigues-Mortes désignent les eaux salées du sous-sol, lorsqu'elles viennent, par leur pénétration, nuire aux cultures.

La présence d'un tuf calcaire à faible distance de la couche supérieure du sol est une preuve de l'aridité du pays. Dans un mémoire précédent, nous avons signalé le mode de formation de la couche calcaire qui, en empâtant les cailloux de Crau, y a constitué un sous-sol formé d'un poudingue imperméable. La Crau, si voisine de la Camargue, participe au climat aride de cette plaine. Le poudingue calcaire y est à peu près continu, et varie seulement un peu comme épaisseur et profondeur. Dans les sables, milieu beaucoup plus perméable aux eaux que le sol argileux de la Crau, ce tuf calcaire est moins répandu et fort heureusement n'occupe que des espaces restreints. On voit que sa nocuité pour les cultures est extrêmement marquée, augmentée d'ailleurs par les influences de salant que cette couche imperméable retient. D'une manière générale, les sables s'enrichissent en calcaire au-dessous du sol arable, vers 0 m. 50 à 0 m. 60 de profondeur, et nous avons eu l'occasion de citer quelques exemples remarquables de cet entraînement du carbonate de chaux (échantillons 13 et 14).

M. Hilgard signale dans son mémoire la généralité de ce sous-sol calcaire et agrégé dans les régions arides[1] : « Les cultivateurs de la zone aride des États-Unis, à partir des Montagnes Rocheuses jusqu'au bord du Pacifique, connaissent bien, dit-il, ce sous-sol, durci par places, qu'ils appellent *hardpan*. Dans tout le nord-ouest de l'Inde, du Gange à l'Indus, les populations le connaissent aussi, à leur grand malheur, car souvent elles rencontrent de ce fait de graves difficultés dans la mise en valeur de territoires par eux-mêmes excessivement fertiles. Les cultivateurs de l'Inde désignent le tuf par le mot *kankar*. Le *kankar* de l'Inde est encore plus nuisible à l'agriculture que ne l'est le *hardpan* de l'ouest américain, par cette raison qu'il se présente, plus souvent que cela n'a lieu en Amérique, sous l'aspect d'un vrai calcaire, quoique très impur, mais cristallisé, et assez dur pour ne céder qu'au pic. »

Le poudingue de la Crau, dont le mode de formation est identique, est très analogue au *kankar*; il ne peut être rompu qu'à la mine.

J'ai rencontré le même tuf calcaire assez friable, comme celui des sables d'Aigues-Mortes, dans les terrains de dunes de l'isthme du Cap Bon, en Tunisie. Il paraît là plus étendu et plus fréquent que dans les sables de la Camargue, ce qui concorde avec une aridité plus marquée du climat.

La présence de cette couche durcie et imperméable exagère les effets du salant, quelle que soit sa nature : « La formation du tuf calcaire, dit M. Hilgard, a généralement lieu dans le sous-sol, par petites places, et la couche cimentée est d'ordinaire un peu déprimée vers le centre, de sorte qu'elle fait cuvette. Lorsqu'au printemps, après les pluies, ou bien en une saison quelconque par le fait d'irrigations, il se produit un exhaussement de la nappe souterraine, l'eau du sous-sol atteint facilement jusqu'au niveau du tuf; le tuf étant imperméable, l'eau le contourne par en dessous, et se déverse par-dessus les bords dans la dépression du centre, qui devient ainsi le repaire de tout ce que cette eau montante a dissous de sels sur son chemin. Lorsque la cause

[1] *Annales de la science agronomique*, 1892, t. II, p. 187 et 450.

première n'agissant plus, le niveau des eaux s'abaisse, la solution, amassée dans la cuvette de la planche du tuf, ne suit point le mouvement; elle reste au contraire, alimente l'évaporation de la surface et donne bientôt lieu à la production d'une tache d'efflorescence[1]. »

Le remède, ajoute M. Hilgard, est dans la rupture du tuf, soit à la pique, soit à la dynamite, qui donne des résultats plus complets et plus économiques. Cette destruction du tuf est indispensable pour l'établissement de cultures arbustives. En graduant, par des essais préalables, les charges de dynamite on peut même arriver à ébranler et à fissurer le tuf, sans trop déchirer les racines des arbres occupant déjà le terrain, et dont le développement se trouve arrêté par cet obstacle. On emploie à cet effet de petites cartouches disposées au nombre de deux ou trois au pied des arbres. Le tuf partiellement rompu achève peu à peu de se détruire sous la seule influence du drainage naturel rétabli.

La formation du tuf est peu importante dans les sables de la Camargue. Elle est plus fréquente dans les sols argilo-sableux qui avoisinent les dunes, et là le tuf se montre quelquefois presque à la surface du sol. Sa présence est marquée par des flaques salées qui apparaissent à la suite de pluies abondantes. Le long de la route d'Aigues-Mortes à Sylvéréal, on traverse une région inculte, à sous-sol imperméable, qui après les pluies est marécageuse. A la suite des pluies tardives et très abondantes survenues en mai 1895, la plupart de ces marécages, faiblement salés et couverts d'une abondante végétation de salsolacées, offraient une réaction alcaline marquée. Je n'ai pu toutefois rencontrer là des efflorescences alcalines, ni à cette époque, ni plus tard, lorsque ces marais temporaires avaient en grande partie disparu.

En 1894, pendant la période des sécheresses prolongées de l'été, des accidents subits et graves éclatèrent dans les vignobles de sable. Des vignes se desséchèrent en quelques jours, dans le courant de juillet, après une végétation magnifique, et les promesses d'une abondante récolte pendante. Les sables où éclataient ces accidents étaient secs à une grande profondeur, tandis que normalement cette nature de terrain conserve une fraîcheur remarquable à quelques décimètres de la surface. Les eaux du sous-sol étaient imprégnées de sel, alors que d'habitude on y rencontre une nappe d'eau douce pendant toute l'année. Les baisses au voisinage de ces vignes offraient, lorsqu'elles n'étaient point trop chargées en sel, des eaux à réaction alcaline, et plus ou moins teintées en jaune. Toutefois, cette réaction ne persistait pas longtemps, car les bouteilles remplies sur place, et hermétiquement closes, rapportées au laboratoire, ne donnaient généralement plus lieu à ladite réaction au bout de un ou deux jours. Ainsi que je l'ai déjà mentionné, la rétroaction était signalée par un léger dépôt cristallin de carbonate de chaux très sensible sur la paroi des bouteilles vers le niveau supérieur du liquide. Les baisses peu salées et pourvues d'une abondante végétation d'algues et de salsolacées se montraient les plus alcalines.

Ces phénomènes de remontée du salant ont été fortement accusés dans la basse Camargue durant l'été extrêmement chaud et sec de 1894, qui avait été précédé d'une année elle-même caractérisée par l'insuffisance des pluies. Les réserves d'eau douce des sols sableux étaient épuisées et dans beaucoup de points les eaux des baisses et des étangs salés s'y étaient répandus. Les tableaux que l'on trouvera reproduits à la fin de

[1] *Annales de la science agronomique*, mémoire cité, 1892, t. II, p. 451.

ce mémoire et qui donnent, pour une période prolongée, le résumé mensuel des observations udométriques dans plusieurs stations de la Camargue, permettent de voir que la tombée d'eau est restée, durant ces deux années, beaucoup en dessous de la moyenne, et cela particulièrement dans la basse Camargue [1]. Sous l'influence de la montée du sel produite par une évaporation intense les cultures ont été détruites, ou réduites dans des proportions considérables. Les céréales, les luzernes non arrosées, n'ont fourni que des récoltes presque nulles.

Mais nous devons insister avec plus de détails sur ces accidents causés par le sel. Au mas d'Icard, la vigne dite *Maurin*, d'une superficie de plus de 1 hectare, se dessécha en quelques jours, dans le courant de juillet, avec la récolte fort belle qu'elle portait. Au moment de notre visite, le 27 juillet 1894, elle présentait l'aspect le plus lamentable. Seuls quelques ceps épars de Carignan montraient des pampres encore verts; tout le reste de la vigne était desséché comme si le feu y avait passé. Plantée dans les sables de dunes, cette vigne, qui accusait les effets de la sécheresse, avait été quelque temps auparavant irriguée en profondeur par les eaux du Rhône, recueillies comme colature de l'arrosage des prairies. Ces eaux s'étaient sans doute chargées sur leur parcours, en traversant quelques baisses, car le sous-sol des vignes était imprégné d'eaux salées. Un échantillon du sable recueilli à la profondeur de 0 m. 95 contenait, par kilogramme, 0 gr. 880 de sel marin, et, au niveau de la nappe d'eau, à 1 m. 25, 1 gr. 334 du même sel. Les eaux de colature des prairies qui avaient été lancées dans les fossés pour irriguer les vignes, ne contenaient, par litre, que 0 gr. 128 de sel marin; celles d'une terre plus salée, non utilisées pour cet arrosage, n'en renfermaient elles-mêmes que 0 gr. 309. L'eau du sous-sol de la vigne contenait, par contre, pour le même volume, 14 grammes de chlorure de sodium. Dans la couche supérieure, le sable n'était que très peu salé (0 gr. 105 par kilogramme), mais tout à fait sec. Dans les sables, milieux perméables à l'air, l'évaporation se fait dans toute la masse du sol, contrairement à ce qui a lieu pour les sols limoneux, dont la tranche supérieure seule est soumise à l'évaporation de telle manière que les sels d'efflorescence y atteignent une forte concentration.

Une autre pièce de vigne au Mas d'Icard, la vigne Farinose, présentait des accidents identiques mais moins généralisés. L'eau prise dans le sous-sol à une profondeur de 1 m. 30, non loin d'une baisse renfermant des eaux très salées et à réaction faiblement alcaline, contenait par litre 20 gr. 44 de sel marin et 0 gr. 480 d'acide sulfurique. Cette eau était alcaline. L'alcalinité totale mesurée correspondait par litre à 10 cc. 8 d'acide normal (SO^3 = 0,432). L'eau ainsi titrée au laboratoire avait un pouvoir alcalin moindre qu'au moment de la prise, car elle avait déposé du carbonate de chaux visible sur les parois de la bouteille. En y faisant passer un courant prolongé d'acide carbonique de manière à redissoudre le plus possible de ce dépôt et titrant à nouveau on a consommé 18 centimètres cubes d'acide normal (SO^3 valeur 0,720 par litre).

La baisse Farinose, voisine de cette vigne, n'offrait qu'une réaction alcaline faible mais une forte concentration saline. Sa densité était de 1,086. Les algues flottant dans l'eau étaient décolorées. L'analyse a donné :

Sel marin, par litre	125.67
Acide sulfurique	1.646
Magnésie	3.720

[1] A Aigues-Mortes, 318 millimètres en 1893, 362 en 1894.

Alcalinité totale au laboratoire, après dépôt manifeste d'un peu de carbonate de chaux, 6 centimètres cubes d'acide normal par litre.

Le cas de la vigne Maurin est un peu particulier parce que l'action du salant marin, mêlé d'un peu de salant alcalin, s'est trouvée exagérée par une irrigation intempestive. Mais les mêmes accidents, moins étendus seulement, se sont présentés dans tout le vignoble des Saintes-Maries et d'Aigues-Mortes à la même époque. Leur cause est évidemment la pénétration des eaux salées des baisses et surtout des étangs dans le sous-sol des vignes, épuisé de sa provision d'eau pluviale par la prolongation de la période des sécheresses et la chaleur ambiante. L'eau douce du sous-sol empêche cette irruption tant qu'elle est en assez grande abondance pour faire équilibre à la poussée des eaux salées voisines. On s'explique ainsi pourquoi le voisinage de baisses salées, voire même celui de l'eau de mer, lancée dans les fossés avoisinant les vignes, est le plus souvent sans inconvénient. Les propriétaires d'Aigues-Mortes pensent même qu'il est dangereux de laisser les fossés se vider, et lorsque le niveau s'abaisse trop, ils laissent pénétrer les eaux salées du canal d'Aigues-Mortes, persuadés que dans ces conditions le sol des vignes conserve mieux sa fraîcheur. L'innocuité des eaux salées lancées dans les fossés voisins des vignes se conçoit fort bien tant que la réserve d'eau douce accumulée dans les sols sableux par les pluies est suffisante pour alimenter leur sous-sol. En ce cas l'eau salée reste confinée dans les fossés et ne peut pénétrer dans le sous-sol. Le courant de diffusion est établi dans un sens contraire à cette pénétration; c'est l'eau douce qui tend à pénétrer dans les fossés. Mais dans le cas d'insuffisance des eaux pluviales la situation est toute différente et l'on conçoit les graves dommages qui résultent nécessairement de l'irruption des eaux salées dans un sous-sol habituellement doux, où les plantes ont développé leurs racines.

J'ai indiqué déjà que cette diffusion des eaux salées vers l'eau douce des sous-sols sableux était vraisemblablement empêchée par un obstacle mécanique, c'est-à-dire, par la couche argileuse qui tapisse le dessous des sables et le pourtour des îlots sableux. Cette couche, tant qu'elle est en contact avec de l'eau douce, reste à l'état colloïdal, c'est-à-dire imperméable. Au contraire, cette couche protectrice devient perméable si, l'eau douce faisant défaut, les eaux salées tendent à la traverser en coagulant l'argile.

Quoiqu'il soit difficile de fournir une démonstration rigoureuse de cette hypothèse, elle me paraît s'imposer néanmoins à l'esprit d'après ce que nous savons par les beaux travaux de Schloësing sur les propriétés de l'argile. Elle est d'ailleurs en concordance avec les faits et elle permet d'expliquer cette apparente contradiction de l'action, tantôt inoffensive, tantôt pernicieuse, du voisinage des eaux salées. A ce point de vue, la formation du carbonate de soude, qui agit à si faibles doses pour empêcher la coagulation de l'argile, joue sans doute, quant à cet isolement des eaux douces et des eaux salées, un rôle utile, pourvu toutefois que la dose d'alcali reste assez minime pour être compatible avec la végétation. C'est, semble-t-il, le cas qui doit souvent se présenter dans les plaines à salant maritime telles que la Camargue. J'ai été frappé de ce fait, que le seul point où j'ai constaté des manifestations alcalines persistantes, *des efflorescences alcalines*, au voisinage des Montilles sableuses de Sylvereal, etc. est une lisière étroite, *bordée par un canal du Rhône*[1]. C'est très près de ce canal que l'alcali

[1] Canal de navigation servant à l'exploitation des pinèdes.

existe en abondance sous forme d'efflorescences blanches ou noires, si près même que, sur les bords du dit canal, l'eau douce offrait une réaction nettement alcaline. Le lit du canal était tapissé d'un limon fin et argileux certainement impénétrable aux eaux salines issues de la pinède. C'est cette imperméabilité qui sans doute était la cause de la disposition des efflorescences sur une étroite *zone de suintement* affleurant la surface du terrain.

Dans le domaine d'Icard, d'autres pièces de terre offraient aussi des exemples de remontée du sel. Au clos du Canier, pointe sud, un sol sableux mais avec dessus mêlé de limon, contenait dans cette couche supérieure de o m. 50 d'épaisseur 1 gr. 109 de sel marin. Là aussi les vignes (Petits Bouschets de 18 ans) se desséchaient avec leur récolte. Dans la terre du Gras, à 10 mètres d'un fossé creusé en 1893, la couche superficielle de sable gras (épaisseur o m. 30) contenait, dans un point où les vignes avaient péri, o gr. 908 de sel marin par kilogramme. J'aurai d'ailleurs à revenir plus loin sur la répartition du salant en profondeur.

A l'ouest de la gare d'Icard, une autre baisse examinée offrait, comme la première, une faible réaction alcaline et une densité élevée : 1,071.

Les dosages ont indiqué par litre :

Chlorure de sodium	101.03
Acide sulfurique (So^3)	1.81
Magnésie	2.12

Alcalinité totale pour 1,000 centimètres cubes : 8 centimètres cubes d'acide normal. Un dépôt léger de carbonate de chaux démontrait que l'alcalinité était au moment de la prise plus marquée.

A Maguelonne, plus au sud et près des Saintes-Maries, les mêmes constatations ont été faites, tant sur des baisses plus ou moins alcalines et salées, que sur les terres sableuses et argilo-sableuses, placées dans leur voisinage ou dans celui des étangs salés.

Près de la route des Saintes-Maries et au voisinage d'une pièce d'Aramons et de Jacquez plantés dans des sables un peu gras, vignes ayant souffert de la sécheresse en 1893 et plus encore en 1894, j'ai rencontré une baisse assez fortement alcaline dont les eaux étaient aussi plus colorées que toutes celles que j'ai eu l'occasion de remarquer. Des ceps étaient morts déjà en 1893, et au moment de ma visite, la destruction de la vigne s'accusait sur une partie de la pièce par la dessiccation des pampres.

L'eau de la baisse analysée a donné les résultats suivants :

Densité : 1012. — Résidu sec par litre = 18.90.

Chlore	10.790	Par litre. Alcalinité totale : 28 centimètres cubes acide normal.
Acide sulfurique	0.528	
Soude	11.782	
Potasse	0.503	
Magnésie	0.355	
Chaux	0.576	
Ammoniaque	0.035	
Manquant pour saturer les bases, calculé en acide carbonique	0,618	
TOTAL	25.187	
Oxygène à déduire pour les bases formant des chlorures	6.704	
TOTAL	18.483	

Résultats qui peuvent être interprétés comme suit :

Chlorure de sodium	17.240	20.101
Chlorure de magnésium	0.447	
Sulfate de potasse	0.930	
Sulfate de magnésie	0.150	
Carbonate de magnésie	0.244	
Carbonate de chaux	1.029	
Carbonate d'ammoniaque	0.081	

Le résidu séché et calciné n'offrait naturellement aucune alcalinité. Dans la partie de la vigne ayant le plus souffert, un échantillon pris sur 0 m. 40 de hauteur a donné à l'essai 0 gr. 292 de sel marin par kilogramme le sol étant très sec. Le terrain n'offrait aucune efflorescence et l'extrait de la terre était neutre.

Près de la gare de Maguelonne, à l'ouest de la voie ferrée, une caisse d'emprunt avait formé une baisse dont l'eau peu colorée manifestait une faible réaction alcaline. L'essai de cette eau a donné :

Densité = 1c53.

Sel marin	70.66	Par litre. Alcalinité totale : 6 centimètres cubes ; acide normal.
Acide sulfurique	3.58	
Magnésie	2.64	

La vigne du Pont-Neuf, dans le même domaine de Maguelonne, située près d'un étang salé et composée d'Aramons de 10 à 12 ans plantés dans des sables de dunes purs et profonds, a présenté au cours de juillet des accidents en tout semblables à ceux signalés plus haut dans le domaine d'Icard. Les parties atteintes formaient des taches circulaires, embrassant depuis quelques ceps jusqu'à 50 et 60 vignes, dont les rameaux chargés de récolte se desséchaient. Un échantillon du sable pris à 0 m. 25 de profondeur contenait 0 gr. 363 de sel marin, le sable étant sec. Un autre échantillon pris à 1 m. 30 de profondeur dans la même fouille accusait 0 gr. 871 de sel par kilogramme, le sable étant alors très humide et au voisinage de l'eau du sous-sol qui a été rencontrée à 1 m. 40 de profondeur.

Cette eau présentait une réaction alcaline. Sa densité était de 1,008.

L'analyse a donné par litre :

Résidu sec	14.44
Sel marin	11.21
Acide Sulfurique	0.891
Magnésie	1.56
Alcalinité totale en centimètres cubes d'acide normal	14

Dans la pièce Caroline, du même domaine, le sable recueilli sur 25 centimètres de profondeur, dans un point où les vignes se desséchaient avec un aspect de Cottis, à 20 mètres d'une baisse offrant des eaux salées alcalines, contenait par kilogramme 0 gr. 360 de sel marin. L'eau du sous-sol de la vigne, rencontrée à 1 m. 50 de profondeur dans la fouille faite au même endroit, présentait une composition presque identique à celle de la pièce du Pont-Neuf.

Densité = 1008.

Résidu sec, par litre	14.20
Sel marin	10.86
Acide sulfurique	0.912
Magnésie	1.44
Alcalinité totale en centimètres cubes d'acide normal	14

Le tuf calcaire n'a été nulle part rencontré dans les pièces souffrant de ces accidents. Il s'agit donc bien seulement de l'action du salant faisant irruption plus ou moins brusque dans le sous-sol des vignes habituellement garni d'eau douce et occupé par leurs racines. Jusqu'à la profondeur de 1 m. 50, j'ai en effet trouvé des racines de vignes. Le sel marin est le principal agent des accidents constatés, quoiqu'il s'y mêle une réaction alcaline notable pour les eaux du sous-sol.

Au cours de ces visites, j'ai rencontré plusieurs baisses salées n'offrant pas la réaction alcaline, mais alors beaucoup plus chargées en sel. Certaines d'entre elles contenaient des dépôts de sel. Autour des baisses et le long de leurs talus, à différents niveaux examinés, les efflorescences salines, quelquefois très abondantes, ne renfermaient pas de carbonate de soude. L'eau seulement et la vase imprégnée d'eau manifestaient une réaction alcaline. Dans les baisses peu salées, les roseaux occupaient circulairement un espace du pourtour de la baisse et s'arrêtaient brusquement aux approches de la flaque alcaline. Une algue flottante se présentait, verte dans les baisses peu salées, jaune et décolorée là où la densité atteignait 1,053, 1,071, 1086. La baisse la plus alcaline signalée à Maguelonne (densité 1,012) était la plus colorée, à peu près la teinte d'une infusion légère de thé. La coloration des baisses plus chargées en sel était beaucoup moindre. Cette coloration en jaune n'est point d'ailleurs un criterium de leur alcalinité; les eaux stagnantes la présentent le plus souvent.

Les mêmes phénomènes d'alcalescence se présentent en Camargue pour les étangs salés dans leurs parties peu profondes, lorsque les eaux s'échauffent sous l'action des rayons solaires et que leur salure est diminuée, auprès des bords, par des infiltrations d'eau douce. C'est ainsi qu'à la pointe N. O. de l'étang de Consecanière, j'ai observé en juillet 1894 sur une vaste étendue tout ce que les baisses salées avaient manifesté en petit. Une portion de cet étang, comme de beaucoup d'autres étangs saumâtres de la Camargue, est occupée par de vastes roselières. Ce sont les bords de l'étang couverts d'eau l'hiver et où les roseaux peuvent végéter à la faveur d'une très faible salure, lorsque les eaux pluviales ont alimenté la dépression à son plein niveau. Aux approches de la vase imprégnée d'eau alcaline et salée, ces roseaux cessent brusquement et forment ainsi une ligne de démarcation très nette. Seule une algue flottante (oscillariée) persiste dans ce milieu particulier et à mesure que l'étang se dessèche, ses traînées filamenteuses couvrent la vase desséchée de ses débris décolorés. Quant à la vase, elle présente les caractères signalés par M. Hilgard : elle offre à l'œil une apparente solidité, mais sa consistance est pâteuse, et on s'y enlise aisément. Toutefois le dessous du terrain, chargé en sel, offre de la consistance.

J'ai retrouvé des flaques alcalines jusqu'auprès du cordon littoral, dans les caisses d'emprunt creusées pour l'édification de la digue à la mer, caisses que les pluies tardives de mai avaient garnies d'eau.

Ainsi cette production de l'alcali est très générale et au moment convenable on peut l'observer en Camargue sur une foule de points. Mais elle peut aussi passer inaperçue si on la recherche trop tôt, avant la période des chaleurs de l'été, ou trop tard, quand les lagunes saumâtres se sont concentrées.

Dans ces bassins fermés, alimentés par des eaux pluviales et les délavages des terres, baisses, mares, étangs saumâtres, fossés, la formation du carbonate de soude est limitée par les conditions du milieu, concentration saline, chaleur ambiante, produits issus de la réaction, dégagement plus ou moins abondant de l'acide carbonique. Il faut l'intervention des chaleurs de l'été pour que la réaction prenne naissance et en quelques semaines, sous l'influence de la même cause, les eaux arrivent à une concentration saline qui met obstacle à cette réaction. D'ailleurs l'alcali formé pendant la période chaude du jour tend constamment à disparaître par rétroaction rapide dans ces baisses, où il est en présence du chlorure de calcium. Autour des baisses, des efflorescences se forment assez abondantes, mais maintes fois j'ai cherché sans succès et à différents niveaux la réaction alcaline. Deux analyses de ces efflorescences figurent plus loin dans ce travail.

Ces phénomènes d'alcalisation ne paraissent donc pas jouer un rôle très actif. Le salant marin est si prédominant que, dans la plupart des cas observés, il rend compte des dommages causés aux cultures. Cependant ces manifestations fugitives de l'alcali ne sont pas sans doute indifférentes. Elles ont une signification qui plus loin, lors de l'examen des taches salées répandues en Camargue, apparaîtra avec une certaine importance. D'ailleurs, le fait qu'il existe des parties du territoire où l'alcali se concentre sous forme de taches persistantes doit mettre en garde contre une conclusion trop négative. Ceci nous ramène à l'examen de ces efflorescences alcalines rencontrées auprès des pinèdes de la basse Camargue

L'échantillon n° 1, dont l'analyse est rapportée ci-après, a été recueilli dans les conditions plus haut précitées, ainsi que les n°s 2 et 3, sur la lisière de la pinède du Clamadou. Les efflorescences grises (n° 1) formaient à la surface du terrain des zones étroites et irrégulières, contigues à des taches brunes très foncées (n°s 2 et 3). Sous la couche superficielle le sol apparaissait plus clair, de nature sablo-argileuse, mais encore alcalin. Le lessivage des échantillons a donné les résultats suivants :

	1	2	3
Humidité	4.38	7.60	8.10
Partie soluble	20.12	4.38	6.15
Insoluble sablo-argileux	75.50	88.02	85.75

Dans 100 parties de l'extrait aqueux desséché à 100 degrés centigrades les dosages ont accusé (après calcination ménagée) :

	1	2	3
Potasse	0.442	5.590	5.508
Soude	45.973	31.937	34.093
Acide sulfurique	30.730	18.018	17.357
Acide carbonique	0.456	9.636	12.112
Chlore	24.900	9.240	8.250

La partie soluble ne renfermait que des traces d'acide phosphorique et pas de nitrates. Le n° 1 peu coloré était presque exempt de matières organiques. Les deux autres donnaient des solutions très foncées et très chargées en substances organiques. En outre de la présence des corps dosés il existait de minimes proportions de chaux et de magnésie, d'oxyde de fer, d'alumine et de silice.

Les résultats ci-dessus peuvent être représentés par la composition suivante :

	1	2	3
Sulfate de potasse	0.840	14.295	13.517
Sulfate de soude	55.637	32.533	29.790
Carbonate de soude	1.135	32.110	38.670
Chlorure de sodium	42.388	21.062	18.023
	100.000	100.000	100.000

En juillet 1895, trois autres échantillons ont été recueillis dans des conditions semblables : le n° 4 dans le voisinage de celui où avait été récolté en mai le n° 2; le n° 5 à l'extrémité sud de la pinède de Sylvereal. Ces échantillons formaient des taches très foncées d'aspect humide. Le n° 6 a été pris près d'un bâtiment de la ferme de la Compagnie agricole du Midi, entre les pinèdes de Sylvereal et de Brasinvert, beaucoup plus au sud que les précédents, sur des points où le sol était coloré en brun foncé par zones irrégulières.

	4	5	6
Humidité	12.05	10.50	6.80
Partie soluble	6.04	5.60	4.75
Insoluble	81.91	83.90	88.45

L'analyse de la partie soluble a donné pour 100 parties les résultats suivants :

	4	5	6
Potasse	3.767	3.132	4.378
Soude	44.818	42.118	33.805
Acide sulfurique	9.702	12.104	2.610
Acide carbonique	16.920	15.524	9.503
Chlore	18.112	14.790	24.350

Résultats qui peuvent être interprétés de la manière suivante :

	4	5	6
Sulfate de potasse	7.455	6.876	8.216
Carbonate de potasse	0.000	0.000	2.774
Sulfate de soude	12.547	19.857	0.000
Carbonate de soude	43.632	44.339	30.968
Chlorure de sodium	36.366	28.928	58.045

De même que pour la première série d'échantillons la partie soluble ne contenait que des traces d'acide phosphorique et pas d'acide nitrique. On remarquera la proportion élevée des sulfates dans la plupart de ces échantillons et aussi le taux élevé des sels de potasse.

Les proportions considérables de carbonate de soude ou de carbonate de potasse que ces efflorescences renferment les rend tout à fait comparables aux taches d'alcali noir étudiées par M. Hilgard et par ses collaborateurs en Californie, puis dans les états de Washington, Montana, etc. Les différences sont tout à fait secondaires, c'est surtout l'absence de phosphates et de nitrates alcalins, sels qui ont été signalés dans le salant noir californien et qui font ici défaut. Mais, tandis qu'en Amérique ces efflorescences affectent de notables territoires dans le fond des vallées, causant ainsi aux cultures des dommages considérables, elles n'occupent en Camargue, du moins dans les points où je les ai observées, que des surfaces pour ainsi dire négligeables. Leur présence serait certainement restée pour moi inaperçue si je ne les avais recherchées avec une attention très soutenue. C'est pour ce motif sans doute que, même après la publication en France des travaux de M. Hilgard, aucun observateur ni aucun propriétaire de la Camargue ou d'autres régions salées méridionales n'a signalé jusqu'ici la présence de ces taches alcalines. Maintenant que l'attention des intéressés sera sur ce point et de nouveau appelée par le présent mémoire, on reconnaîtra je crois, dans quelques autres parties de la Camargue, l'existence de petits foyers alcalins et cela partout où s'exercent surtout des entraînements d'efflorescences par délavages non continus, favorisant la séparation des différents sels efflorescents; partout aussi, sans doute, où les phénomènes d'oxydation des matières organiques du sol ou des fumures se trouveront beaucoup activés par l'énergie des travaux mécaniques appliqués au sol, défrichements et drainages profonds, suivis de lavages rapides et discontinus.

Un passage caractéristique du mémoire de M. W. Hilgard doit être cité à ce propos : « La pratique paraît avoir démontré que la culture et l'irrigation peuvent, avec le temps, faire apparaître des carbonates alcalins dans des terrains salants primitivement imprégnés exclusivement de sels neutres; or, nous avons fait voir combien l'intervention des carbonates aggrave la situation. Le fait même peut être admis avec vraisemblance, si on considère que l'irrigation, jointe à la culture, augmente dans le sol dans des proportions considérables, toutes les oxydations et partant le dégagement de l'acide carbonique dont l'abondance favorise la réaction d'échange entre le carbonate de chaux et le sulfate de soude[1]. »

Je n'ai pu toutefois, sur les terres cultivées de la Camargue, reconnaître jusqu'ici d'une manière nette la présence de taches alcalines. Les procédés de défrichement, de dessalage et de culture qui sont presque universellement appliqués, et que la pratique a réglés, ne sont pas favorables à l'éclosion de semblables manifestations. Les défoncements en Camargue sont peu profonds, car on craint de remonter à la surface le sous-sol salé. On lessive méthodiquement, lentement et d'une manière continue, de manière à laver le terrain progressivement de haut en bas, jusqu'au niveau des fossés d'écoulage. Le drainage véritable est peu usité et, quoique plus parfait théoriquement, n'a pas toujours conduit aux résultats attendus. L'irrigation alternante avec de grands volumes d'eau, même combinée avec un bon drainage préalable, a donné de mauvais résultats, sans doute parce qu'elle favorise la séparation des sels différents qui existent dans le salant marin, et partant conduit à des manifestations dont on ne s'est pas rendu compte. À la vérité quoique j'aie longtemps cherché à surprendre la trace de ces manifestations alcalines probables, comme conséquence de ces modes particuliers de préparation des terres, je n'en puis fournir aucun exemple démonstratif.

[1] Hilgard, Mémoire cité. *Annales de la science agronomique*, 1893, t. II, p. 441.

Il me paraît néanmoins que les taches dites réfractaires, qui subsistent dans les sols alluviaux limoneux malgré des submersions annuelles (depuis 17 ans au Mas de Roy), doivent dépendre de phénomènes d'alcalescence passagers et par cela même difficiles à surprendre, à moins d'une étude sur place très prolongée. J'ai examiné bien souvent ces taches persistantes sans y constater de réaction alcaline ni d'efflorescences offrant ce caractère; mais peut-être ne suis-je jamais arrivé au moment voulu pour une constatation significative.

Ces parties de terrain sont salées et on ne conçoit guère la persistance du sel après tant de lavages répétés à grands volumes d'eau, sinon par l'imperméabilisation du sol argileux qui serait causé par une alcalescence passagère, phénomène qui, se reproduisant périodiquement, empêcherait ainsi le lavage du terrain. Les propriétaires de la Camargue qui m'ont assisté dans mes visites en m'accompagnant sur leurs terres seront à même, par l'emploi du papier de tournesol, qui marque instantanément dans le cas de la présence d'une minime trace d'alcali, de vérifier le bien-fondé de cette hypothèse.

C'est parce que je la crois telle que j'ai parlé plus haut du plâtrage comme d'un procédé à expérimenter d'une manière suivie sur les taches réfractaires. Pour les mêmes motifs, je crois que l'application du plâtre devrait accompagner les essais de défoncements profonds et de drainage peu usités en Camargue. On sait qu'en Californie les terrains alcalins impropres à toute culture ont été complètement modifiés par le plâtrage.

On ne peut pas s'attendre à tirer du plâtrage en Camargue des effets généraux, puisque cet amendement est sans action sur le salant marin qui y prédomine. Mais il est des circonstances, peut-être moins rares qu'elles ne paraissent à présent, où l'effet de cet amendement pourrait être efficace, notamment à la fin du dessalement, lorsque les sols limoneux ont une grande tendance à devenir compacts sous l'influence de l'eau douce qui s'est substituée aux eaux salées. J'ai recommandé à quelques propriétaires des essais de plâtrage. Au Mas de Cabane, chez M. de Chevigné, le plâtrage de prairies, nouvellement créées en sol salant, n'a pas donné de résultat perceptible jusqu'ici. A Aigues-Mortes, chez M. Louis Gros, le plâtrage a été également sans effet sur les terres argilo-calcaires et très salées de Port-Viel. Ces essais négatifs ne doivent pas faire repousser de nouvelles expériences faites dans des conditions différentes, c'est-à-dire à la fin du dessalement.

Je terminerai ce qui a spécialement trait au salant alcalin en reproduisant ici l'analyse de deux échantillons d'efflorescences recueillis dans la haute Camargue par l'ancien et sympathique délégué départemental du service phylloxérique dans le Gard, M. Camille Desjardins, qui me les a remis en mai passé, au cours d'une rencontre fortuite.

Ce sont des efflorescences salines qu'il a récoltées dans sa propriété de Camargue, voisine des marais de Rousty, sur des terres qu'il traite, au point de vue de leur défrichement et de leur dessalage, par des procédés particuliers dont il se réserve de faire connaître lui-même ultérieurement les résultats, quand ses études seront achevées.

Je n'ai pas visité la propriété de M. C. Desjardins qui a décliné cette visite, et il ne m'a fait parvenir non plus aucune indication sur les conditions dans lesquelles ont été recueillis ses échantillons ni sur les modes de préparation qu'il applique à ses terres. J'ai tout lieu de penser qu'il s'agit là encore de taches alcalines de très peu d'étendue dont la formation dépend de circonstances particulières de délavage. Ces efflorescences recueillies sur des sols alluviaux, comme en témoigne la terre limoneuse qui s'y trouve mêlée, sont très riches en carbonate de soude. J'en transcris ci-dessous les analyses dans la forme même que je leur avais donnée en adressant leurs résultats à M. C. Desjardins.

	1	2
Humidité	4.200	13.350
Matières terreuses et insolubles	75.700	52.490
Sulfate de potasse	1.064	1.218
Sulfate de soude	2.004	5.862
Carbonate de soude	13.400	18.760
Chlorure de sodium	1.984	6.732
Matières organiques, etc.	1.648	1.568
	100.000	100.000

En calculant ces résultats pour 100 parties de matières salines, comme plus haut, la composition devient :

	1	2
Sulfate de potasse	5.766	3 740
Sulfate de soude	10.860	17.996
Carbonate de soude	72.621	57.596
Chlorure de sodium	10.753	20.658
	100.000	100.000

Grises à l'état de siccité, d'un gris jaunâtre humides, ces efflorescences sont très fortement alcalines et moins riches en matières organiques que celles plus haut décrites, par suite moins colorées. Comme les premières, elles contiennent beaucoup de sulfates alcalins et une forte proportion de potasse. L'acide nitrique y fait défaut et l'acide phosphorique n'existe qu'à l'état de traces.

Il convient à présent d'étudier les taches de salant les plus communes en Camargue et de voir si elles n'offrent pas dans leur nature des différences ayant quelque rapport avec les questions qui viennent d'être examinées.

On trouve dans toute l'étendue du delta des taches salées caractérisées par une couche blanche et cristalline presque uniquement formée de chlorure de sodium. Ce sont les sansouïres, si abondantes dans les terres vierges, dans les landes à salsolacées, qui constituent la surface la plus importante du delta. Il y a peu de choses à dire sur ces taches; le sel ordinaire en constitue la substance nocive caractéristique. D'autres taches, d'un aspect entièrement différent, se montrent en Camargue, moins fréquentes sur les terres vierges, mais assez répandues dans les terres cultivées. Elles se distinguent des précédentes par une teinte plus foncée du terrain, qui paraît humide et dont la terre foisonne, offrant souvent un aspect farineux et comme sableux, même sur les terres limoneuses.

Lorsque les vents secs du Nord et du N. O. règnent en maîtres sur la contrée, occasionnant, par l'évaporation intense qu'ils provoquent, une remontée active du salant marin et développant à la surface des terres les efflorescences cristallines blanches et dures, craquantes même, de ce genre de salant, les taches plus rares dont nous parlons conservent leur aspect humide. Leur coloration s'accuse par contraste. S'il survient des vents humides ces taches se foncent en couleur et s'élargissent. Bien souvent la couleur de ces taches m'a fait penser à la présence du salant alcalin. Cependant je n'ai jamais obtenu la réaction alcaline, même dans les parties les plus foncées, où toute végétation était absente et où les semences n'avaient pas germé. Le sel marin est encore sur ce genre de taches l'élément prédominant, mais il est accompagné de proportions élevées de chlorure de magnésium et de chlorure de calcium et ce sont ces sels, extrêmement hygroscopiques, qui en retenant l'eau et l'absorbant même dans l'atmosphère, empêchent la formation des efflorescences et donnent aux terres leur aspect humide et foncé.

Entre ces deux variétés extrêmes de taches salées on trouve naturellement toutes les gradations. Le salant cristallin s'étend et empiète sur les taches à salant hygroscopiques lorsque les vents secs soufflent durant une période prolongée. L'inverse se produit par les vents d'Est et du S. E., chargés de vapeur d'eau; bien avant que la pluie ait fait son apparition l'aspect des terres en est profondément modifié.

Cette différenciation des taches salées ne paraît pas avoir éveillé beaucoup l'attention des propriétaires de la Camargue. Lorsque nous avons demandé à nombre d'entre eux s'ils distinguaient plusieurs espèces de taches salées, différentes par leur aspect, la plupart nous ont répondu négativement. Ils admettent toutefois l'existence de taches salées mauvaises, dites réfractaires, mais sans fournir de réponses concordantes quant aux caractères apparents qui pourraient servir à les distinguer des taches ordinaires, qui cèdent au lavage et à la submersion. Ces taches mauvaises et réfractaires sont souvent celles du salant hygroscopique. Mais ce qui peut établir la confusion, c'est que des taches à salant cristallin se transforment quelquefois en taches à salant humide. C'est pourquoi les terres cultivées renferment, proportionnellement aux sols vierges, davantage de ces dernières.

Dans la région des basses plaines de l'Aude, région salée plus aride peut-être que la Camargue, la remarque de ces deux variétés de salant a été faite; un éminent viticulteur submersioniste qui aux environs de Narbonne a consacré avec succès de grands efforts à l'amélioration des terres salées par le drainage, M. Gaston Gautier, a rendu compte de cette observation dans les termes suivants : « L'observation populaire, il n'est pas inutile de le constater, qui distingue plusieurs variétés de salant ou *saleubres*, la *salant fort* et le *salant doux* ou *noir*, repose sur un fait réel et sur une composition chimique différente. Dans le premier (*salant fort*), caractérisé par une teinte blanchâtre et une adhérence des molécules du sol entre elles plus grandes que dans le second, c'est le chlorure de sodium qui prédomine; dans l'autre (*salant doux* ou *noir*), qui prend même en temps de sécheresse une teinte plus foncée, due sans doute à la déliquescence extrême du sel, le sol s'effrite à la surface et devient farineux au contact; ici ce sont les sels de magnésie qui ont la priorité; le salant à magnésie est plus rebelle à toute culture que celui à base de soude[1]. »

[1] Sur la formation de la basse plaine de Narbonne et les meilleures méthodes pour la mise en culture de ses terrains marécageux et salés, par M. G. Gautier (*Revue des Pyrénées et de la France méridionale*, n° 2, 1891).

Ce n'est pas seulement le chlorure de magnésium mais aussi le chlorure de calcium qui caractérise le salant hygroscopique mentionné si explicitement par M. G. Gautier. Comme exemple bien typique de cette nature de salant, je transcris ci-dessous l'analyse d'une couche superficielle de terre, d'environ un centimètre d'épaisseur, recueillie en juillet 1895 au Mas de Cabassole sur une terre ensemencée en céréales, bordant la route qui domine au nord le Valcarès. L'aspect brun de certaines parties du terrain, où la semence n'avait pas germé et où toute végétation était absente, m'avait frappé. Je me suis arrêté un instant pour rechercher la réaction alcaline, que le terrain n'a pas offert, et pour recueillir, dans les parties les plus stérilisées, cet échantillon superficiel. Les terres voisines, entre le Valcarès et la route, montraient d'ailleurs des taches tout à fait semblables.

Pour 100 parties de l'échantillon, l'analyse a donné les résultats suivants :

Humidité	6.85	
Partie soluble	5.84	100.000
Partie insoluble	87.31	

ANALYSE DE LA PARTIE SOLUBLE :

Alcalis (très peu de potasse)	1.221
Magnésie	0.562
Chaux	0.784
Acide sulfurique	0.172
Chlore	3.065
Manquant pour la saturation [1] des bases calculé en acide carbonique	0.102
	5.906
Oxygène à déduire pour les bases correspondant aux chlorures	0.692
TOTAL	5.214

En cherchant à représenter les dosages précédents pour 100 parties de sels, on arrive à l'interprétation suivante, qui n'a, bien entendu, rien d'absolu :

Chlorures alcalins	44.128
Chlorure de magnésium	25.554
Chlorure de calcium	20.260
Sulfate de chaux	5.610
Carbonate de chaux	4.448
	100.000

Les chlorures déliquescents de magnésium et de calcium forment, on le voit, une masse aussi considérable que le chlorure de sodium. Il n'est pas surprenant qu'un sol

[1] L'excès des bases par rapport au chlore et à l'acide sulfurique a été calculé en acide carbonique. En réalité cet excès correspond plutôt à des acides organiques, car les bicarbonates n'existent qu'en très faible proportion. La dessiccation de l'extrait aqueux à 105° C. ne fait pas apparaître un résidu insoluble sensible. Après calcination l'extrait n'a présenté aucune valeur alcaline. Pour plusieurs des analyses qui suivent et qui accusent un manquant de saturation plus considérable que ci-dessus, on se reportera à la présente observation.

imprégné à sa surface, et au taux de presque 6 p. 100, d'un tel mélange manifeste des propriétés hygroscopiques très accusées. D'après la proportion d'humidité (6.85) comparée au poids de la partie soluble (5.84); une forte partie des sels est à l'état d'efflorescences cristallisées, ce que l'aspect humide du sol ne permettrait guère de soupçonner. Les chlorures de magnésium et de calcium sont probablement les seuls sels maintenus en dissolution dans le liquide qui imprègne la surface du sol. Pour 100 parties d'eau du sol il existe, en effet, d'après les chiffres rappelés ci-dessus, 85 parties de substances solubles. On conçoit que la présence de dissolutions aussi concentrées soit des plus nocives pour la végétation; aussi les parties de terrain occupées par ces taches brunes et hygroscopiques sont elles absolument stériles, même pour les salsolacées, qui supportent le contact des efflorescences blanches du sel marin proprement dit.

Je reproduis ci-dessous, avec les indications descriptives des différentes taches salées sur lesquelles je les ai recueillis, l'analyse d'échantillons de salant observé sur des terres vierges à enganes :

TACHES DE SALANT FONCÉ ET HUMIDE AU MAS DE CABANE,
ÉCHANTILLONS RECUEILLIS EN JUIN 1894.

	1		2		3	
	Épaisseur : 1 centimètre à la surface d'un sol vierge de couleur brune. Emplacement stérile.		Épaisseur : 3 centimètres à la surface d'un sol vierge. Salant non cristallin, de couleur brune, humide. Emplacement stérile.		Clos Est n° 5. Épaisseur : 8 centimètres. Sol vierge avec espaces dénudés et stériles.	
Humidité	10.06	100.00	5.60	100.00	11.04	100.00
Partie soluble	16.44		3.30		1.94	
Partie insoluble	73.50		91.10		87.02	

ANALYSE DE LA PARTIE SOLUBLE :

	1	2	3
Potasse	0.444	Alcalis... 0.896	Ko ... 0.037
Soude	6.413		NaO ... 0.435
Magnésie	0.950	0.127	0.159
Chaux	0.555	0.683	0.168
Acide sulfurique	0.166	0.034	0.0446
Chlore	9.825	1.553	0.860
Manquant pour la saturation des bases calculé en acide carbonique	0.045	0.329	0.0745
	18.398	3.622	1.7781
Oxygène à déduire pour les bases à l'état de chlorures	2.219	0.351	0.1942
TOTAL	16.179	3.271	1.5839

Ces résultats calculés en centièmes et en combinaisons salines donnent lieu aux interprétations suivantes :

	1	2		3
Chlorure de potassium	4.335	51.600	KCl..	3.68
Chlorure de sodium	74.732		NaCl..	51.78
Chlorure de magnésium	13.905	9.205		23.81
Chlorure de calcium	4.464	14.593		5.24
Sulfate de chaux	1.741	1.767		4.79
Sels organiques en carbonate de chaux	0.629	22.835		10.70
	99.806	100.000		100.00
Pour 100 d'eau dans le sol, proportion de substances solubles	163.4	58.9		17.5

Aucun des extraits aqueux de ces efflorescences n'était alcalin après calcination.

Au mas de Cabane j'ai recueilli à la même époque une couche plus épaisse de sol salant, 0 m. 40 d'épaisseur, dans une partie où les boutures de vignes (Jacquez), mises plusieurs années de suite en terre, n'ont jamais pu s'enraciner. Le terrain labouré était en cette place foisonnant et farineux.

Humidité	7.80	100.00
Partie soluble	0.36	
Partie insoluble	91.85	

ANALYSE DE LA PARTIE SOLUBLE.

Potasse	0.012
Soude	0.096
Magnésie	0.020
Chaux	0.044
Acide sulfurique	0.048
Chlore	0.098
Manquant pour la saturation des bases calculé en acide carbonique	0.043
	0.361
Oxygène à déduire pour les bases à l'état de chlorures	0.022
Total	0.339
Pour 100 d'eau dans le sol, taux des substances solubles	4.60

Cet échantillon est spécialement intéressant. L'extrait aqueux en était neutre; desséché puis calciné, il n'a pas donné lieu à une réaction alcaline. Cependant ce terrain a dû présenter des manifestations alcalines, car la composition des sels qu'il renferme montre que, contrairement aux échantillons qui précèdent, les sels, chlorures terreux, sulfate de chaux, qui pourraient détruire l'alcali n'y sont pas représentés. L'interprétation suivante est, en effet, presque la seule possible :

Chlorure de sodium		47.50
Sulfate de potasse		6.50
Sulfate de soude		7.23
Sulfate de magnésie		10.71
Sels organiques représentés en..	carbonate de magnésie	4.90
	carbonate de chaux	23.16
		100.00

La portion de terrain qui se réfère à cette analyse forme une étroite bande, proche d'un canal d'irrigation. Le défaut constant de reprise des boutures a été attribué au refoulement de la nappe salée du sous-sol causé par cette situation. Cette explication n'est assurément pas exacte. Le voisinage du canal d'eau douce a créé des conditions de délavage qui ont fait sans doute apparaître le salant alcalin.

Dans le même domaine du mas de Cabane, j'ai recueilli sur un sol récemment préparé pour l'établissement d'une prairie, sol salé couvert d'enganes avant le défoncement, une série d'échantillons pris au même point mais à différents niveaux en profondeur.

Dans les deux tableaux ci-après on trouvera les résultats de l'analyse de ces divers échantillons et l'interprétation de ces résultats en centièmes de sels.

J'aurais voulu faire plusieurs séries de prélèvements analogues, persuadé que l'étude du salant à différents niveaux du sol et à diverses époques de l'année est l'une des voies à suivre pour déterminer les modifications que subissent les sels au contact du terrain, suivant les conditions climatériques. De cette expérience isolée il n'est pas sans doute permis de tirer des conclusions trop générales. On remarquera toutefois un fait assez significatif : c'est l'abondance des chlorures terreux par rapport aux chlorures alcalins dans les couches supérieures du terrain.

A la surface on trouve 48.92 p. 100 de chlorures alcalins pour...			46.29	de chlorure terreux.
De 5 à 10 centimètres 53.70	—	— ...	17.804	de chlorure de magnésium.
De 10 à 20 centimètres 54.95	—	— ...	18.32	
De 20 à 30 centimètres 58.658	—	— ...	16.32	
De 30 à 40 centimètres 57.34	—	— ...	19.80	
De 76 à 82 centimètres 63.401	—	— ...	12.591	

Le rapport entre ces sels apparaît comme inverse suivant le niveau considéré.

COMPOSITION DU SALANT À DIVERSES PROFONDEURS.

(Échantillons prélevés au Mas de Cabane.)

POUR 100 PARTIES DE L'ÉCHANTILLON.	1 COUCHE TRÈS SUPERFICIELLE, épaisseur 2 centimètres sur tache salée brune et quelques efflorescences blanches.	2 COUCHE COMPRISE ENTRE 5 et 10 centimètres de profondeur.	3 COUCHE COMPRISE ENTRE 10 et 20 centimètres de profondeur.	4 COUCHE COMPRISE ENTRE 20 et 30 centimètres de profondeur.	5 COUCHE COMPRISE ENTRE 30 et 40 centimètres de profondeur.	6 COUCHE COMPRISE ENTRE 76 à 82 centimètres de profondeur.
Humidité	11.72	9.96	9.80	10.88	12.60	20.06
Partie soluble	7.64	0.76	0.88	0.80	0.65	0.82
Partie insoluble	82.30	89.28	89.32	88.32	86.75	79.12
ANALYSE DE LA PARTIE SOLUBLE.						
Potasse	0.066	0.209	0.249	0.238	0.188	0.267
Soude	1.608					
Magnésie	0.597	0.063	0.076	0.069	0.063	0.073
Chaux	0.896	0.101	0.112	0.084	0.062	0.067
Chlore	3.905	0,336	0.4015	0.365	0.306	0.3796
Acide sulfurique	0.172	0,027	0.018	0.015	0.014	0.021
Manquant pour saturer les bases calculé en acide carbonique.	0.005	0,079	0.089	0.075	0 053	0.075
Oxygène à déduire correspondant aux bases à l'état de chlorures	7.249 0.882	0.815 0.076	0.9455 0.0907	0.846 0.082	0.686 0.069	0.8826 0.0856
Totaux	6.367	0.739	0.8548	0.764	0.617	0.797

COMPOSITION DU SALANT À DIVERSES PROFONDEURS.

(Interprétation des analyses portées au tableau précédent.)

NATURE DES SELS POUR 100 PARTIES.	1 COUCHE TRÈS SUPERFICIELLE, épaisseur 2 centimètres.	2 COUCHE de 5 à 10 centimètres.	3 COUCHE de 10 à 20 centimètres.	4 COUCHE de 20 à 30 centimètres.	5 COUCHE de 30 à 40 centimètres.	6 COUCHE de 76 à 82 centimètres.
Chlorures alcalins	48.92	53.615	54.95	58.658	57.35	63.401
Chlorure de magnésium	22.33	17.804	18.32	16.320	19.80	12.591
Chlorure de calcium	23.96	//	//	//	//	//
Sulfate de chaux	4.60	6.261	3.58	3.330	3.85	4.501
Sels organiques calculés en carbonate de magnésie	//	2.320	2.40	4.500	3.90	8.182
Sels organiques calculés en carbonate de chaux	0.19	20.000	20.75	17.172	15.10	11.325
Totaux	100.00	100.000	100.00	99.980	100.00	100.00
Pour 100 de terre humide, taux des matières salines	6.367	0.739	0.855	0.764	0.617	0.797
Pour 100 d'eau dans le sol, taux des substances solubles	65.18	7.62	8.97	7.35	5.15	4.08

Dans la couche supérieure se trouvent accumulés les chlorures terreux tandis qu'ils diminuent progressivement en profondeur. L'inverse a lieu pour le sel marin, plus abondant proportionnellement dans les couches profondes que dans celles supérieures.

Je rapporterai encore deux analyses faites sur les efflorescences salines recueillies au pourtour des baisses alcalines décrites dans ce chapitre, et très près de l'eau alcaline. Plus haut, sur les talus, les efflorescences sont très nettement cristallines, blanches et formées de sel marin à peu près pur. De vigoureuses salsolacées poussent au contact de ces dernières.

EFFLORESCENCES SALINES AU CONTACT DE LA VASE AU POURTOUR DES BAISSES.

	I BAISSE D'ICARD.	II BAISSE DE MAGUELONNE.
Partie soluble pour 100	9.94	6.68

Analyse de la partie soluble.

	I	II
Alcalis (potasse très rare)	3.922	2.766
Magnésie	0.290	0.362
Chaux	0.275	0.202
Chlore	4.599	3.229
Acide sulfurique	0.456	0.394
Manquant pour la saturation des bases calculé en acide carbonique	0.211	0.297
	9.753	7.250
Oxygène à soustraire pour les bases à l'état de chlorures	1.039	0.729
Total	8.714	6.521

Résultats qui peuvent être interprétés comme suit pour 100 parties des sels :

	I	II
Chlorures alcalins	84.812	79.95
Chlorures de magnésium	1.813	1.405
Sulfate de magnésie	7.693	9.060
Sulfate de chaux	0.179	0.000
Sels organiques calculés en.. { carbonate de magnésie	0.000	4.055
Sels organiques calculés en.. { carbonate de chaux	5.503	5.530
Total	100.000	100.000

La baisse la plus alcaline était celle de Maguelonne, dont la composition des eaux a été mentionnée plus haut. On se rappelle que les eaux de ces baisses, qui offraient sur place une réaction alcaline marquée, devenaient rapidement neutres par rétroaction. Les sels qui cristallisent au pourtour immédiat de ces baisses ne renferment pas de carbonate de soude comme le démontrent les deux analyses qui viennent d'être transcrites.

Si nous essayons à présent de résumer les documents analytiques contenus dans le présent travail, nous pouvons voir qu'ils conduisent à la conception d'une variété assez grande de taches salées évidemment dérivées les unes des autres, quoiqu'il ne soit pas possible dans l'état de notre étude d'en tracer avec sûreté la filiation.

Les taches salées blanches et cristallines, non hygroscopiques, représentent le salant marin pour ainsi dire non remanié, c'est-à-dire offrant la composition des sels contenus dans la mer et dont le chlorure de sodium est le corps prédominant. Ces taches sont de beaucoup les plus répandues en Camargue. Ce sont elles qui constituent les sansouïres blanches qui couvrent les landes à salsolacées, terres vierges qui forment encore la plus grande superficie du delta.

Sous l'influence du délavage superficiel, dont les conditions sont mal connues, le salant hygroscopique apparaît à côté du précédent dans les terres vierges et surtout dans les terres cultivées. Il est caractérisé par une proportion élevée de chlorure de magnésium et même de chlorure de calcium. Cette abondance des chlorures terreux est-elle le résultat de la disparition des efflorescences de sel marin par les lavages superficiels du sol? Ne dépend-elle pas aussi de la réaction d'échange entre le sel marin et le bicarbonate de chaux? En ce cas, et la chose est bien probable, surtout à cause de la présence du chlorure de calcium, les taches hygroscopiques représenteraient l'opposé et la contre-partie des taches à alcali persistant, bien plus rares en Camargue. Comment, dès lors, s'effectue la séparation du carbonate sodique, si cette hypothèse est fondée, et à quel moment? Tel est le point difficile de cette étude et qui n'a pas reçu de solution.

En tout cas, ces taches à chlorures déliquescents sont le résultat du remaniement du salant marin et les taches alcalines persistantes sont dans le même cas. Il semble que chacune de ces catégories de salant résulte de la même transformation dont les produits ont suivi des routes différentes. Mais le salant alcalin est bien rare, tandis que le salant hygroscopique est fort répandu.

On peut former l'hypothèse plausible suivante : le carbonate sodique, sel très grimpant, gagne le premier les couches superficielles du sol, d'où les pluies l'entraînent, sans trop délaver le sol sous-jacent, à cause de l'imperméabilisation qui se produit immédiatement au contact de la solution alcaline. Par ce mécanisme on peut concevoir une séparation, incomplète sans doute, mais suffisante pour conduire à ces taches distinctes des deux salants [1]. Le salant alcalin serait très rare parce que le carbonate de soude entraîné rencontre dans son parcours les sels, chlorures terreux, sulfate calcique qui le détruisent. Dans des conditions exceptionnelles seulement et lorsque ces sels ont disparu, il pourrait former des taches alcalines persistantes.

La même hypothèse rend compte de l'existence des taches salées les plus mauvaises de la Camargue. La solution alcaline, en se réunissant dans les faibles dépressions des terres, imperméabiliserait leur sol et en rendrait le lavage impossible, quoique bientôt cependant toute trace d'alcali ait cessé de se manifester, par suite de la rétroaction causée par les sels antagonistes que le délavage entraîne ultérieurement. D'ailleurs le sel étant reformé sur place dans ces points déclifs, qui sont en outre le repaire des matières salines du délavage superficiel, la persistance de ces taches s'expliquerait sans peine. L'analyse chimique montre, en tout cas, que le sol des taches persistantes ne diffère aucunement, comme composition, des sols voisins où les cultures sont florissantes. La différence est dans la salure beaucoup plus marquée du sous-sol. Quelquefois même cette différence manque et alors, peut-être, il s'agit vraiment d'une action

[1] M. de Mondésir a indiqué tout au long dans son Mémoire, cité au commencement de ce chapitre, un mode de séparation tout différent. J'ai traité plusieurs terres salées de Camargue par les procédés d'extraction indiqués par ce savant, mais je n'ai pas réussi à en retirer du carbonate de soude. Ceci n'a rien de surprenant, les sols du delta étant très pauvres en matières humiques capables de jouer le rôle absorbant que l'étude de M. de Mondésir a mis en évidence.

alcaline temporaire. Le sol de ces taches persistantes, réfractaires, est le plus souvent très dur et compact.

Telles sont les hypothèses suggérées dans l'état de notre travail. Nous ne pouvons leur donner qu'une créance provisoire et nous regrettons même d'être obligé de les formuler alors que des investigations nouvelles restent encore indispensables pour en confirmer le bien-fondé.

Il y aurait encore beaucoup de choses utiles à dire au sujet de la salure des terres quant aux conditions qui la rendent nocive. Outre cette question principale de la nature et de la composition du salant, il faudrait considérer attentivement la proportion des sels que les plantes peuvent tolérer. On a l'habitude de fixer proportionnellement à la masse de la terre la quantité des sels qui rend la végétation impossible. Une remarque est à signaler à ce sujet. Les teneurs en sels n'ont d'importance que par rapport au taux d'humidité du sol, car c'est la concentration de la solution saline qui cause la stérilité du terrain. Aussi peut-on dire que sous un climat aride où les sols se dessèchent, les plus faibles proportions de sels doivent être considérées comme nuisibles. Les accidents du salant sont à craindre dans les années sèches, même sur les terres où depuis longtemps ils ont cessé de se manifester. C'est là une différence très essentielle à faire ressortir par rapport aux plaines salées de l'Océan du Nord. La même proportion de sel qui est tolérée par les cultures établies dans les *polders* proscrirait la végétation dans les plaines méridionales, soumises à de longues périodes sans pluies, encore aggravées par le régime desséchant du mistral.

Une étude approfondie du salant ne pourra être complète, dans ces régions méridionales, qu'en y joignant simultanément l'observation des conditions climatériques. Je crois avoir montré de plus que la mutabilité des phénomènes du salant entraînait des difficultés spéciales pour en surprendre les diverses phases, dont certaines ont un caractère essentiellement fugitif. Le retard considérable apporté à l'achèvement du présent mémoire n'a pas d'autre cause que la difficulté que présente l'étude de ces variations. On voudra bien considérer que la contribution actuelle n'est, en ce qui concerne le salant, qu'un acheminement vers une connaissance plus parfaite de ces phénomènes complexes.

Qu'il me soit permis en terminant d'exprimer ici ma reconnaissance aux propriétaires de la Camargue qui m'ont aidé de leur concours le plus dévoué. J'ai déjà cité M. Louis Gros; il me faut mentionner encore d'une manière toute particulière MM. de Chevigné, Espitalier, Savoy, P. Peyron, M. Martin, maire d'Arles, et MM. les syndics de la digue à la mer, qui m'ont en maintes occasions facilité l'accès de ce territoire difficile. J'ai aussi à remercier ici M. Villeboutchevich, jeune savant russe qui a traduit et fait connaître en France le mémoire important de M. W. Hilgard, que j'ai eu l'occasion de citer souvent. Je dois à M. Villeboutchevich beaucoup d'indications bibliographiques sur les terres salées, dont j'ai tiré parti dans la mesure du possible.

Enfin, je dois une mention spéciale à M. W. Hilgard, dont le nom est intimement lié à l'étude des territoires arides, et qui a bien voulu m'adresser ses publications les plus intéressantes sur un sujet encore peu connu en France.

On trouvera aux annexes du présent mémoire une note de M. Hilgard au sujet de l'analyse des efflorescences salines. Elle m'a été transmise par l'auteur et j'ai cru utile de la reproduire ici en en modifiant à peine la forme originale.

OBSERVATIONS UDOMÉTRIQUES MENSUELLES FAITES À AIGUES-MORTES DE 1871 À 1895.

(Hauteurs d'eau exprimées en millimètres.)

MOIS.	1871.	1872.	1873.	1874.	1875.	1876.	1877.	1878.	1879.	1880.	1881.	1882.	1883.
	mill.	mill.	mill.	mill.	mill.	mill.	mill.	mill.	mill.	mill.	mill.	mill.	mill.
Janvier	28	110	60	26,0	1	175	17,0	13,00	146,50	4,30	178,25	52,50	67,50
Février	40	111	19	55,5	37	32	″	″	26,50	31,50	28,50	30,50	30,00
Mars	60	96	23	17,0	8	31	9,0	2,00	67,25	39,50	32,50	2,00	35,50
Avril	″	8	9	75,0	119	94	93,0	48,50	99,75	125,20	45,00	69,50	130,00
Mai	124	54	″	10,0	″	22	34,0	53,50	91,00	42,00	61,50	31,50	11,00
Juin	109	20	17	61,0	118	57	34,5	32,00	22,50	49,26	6,00	″	31,50
Juillet	3	35	6	19,0	29	″	7,5	″	41,50	6,50	″	47,50	43,75
Août	″	14	23	″	″	143	9,0	2,00	4,50	151,20	22,00	15,50	35.00
Septembre	206	″	26	62,0	172	″	24,0	″	97,00	33,00	3,00	54,00	17,00
Octobre	136	273	64	58,0	115	15	7,5	48,25	26,00	40,00	72,50	56,75	11,50
Novembre	162	20	137	14,0	14	56	33,0	65,25	14,00	129,50	2,00	5,00	21,00
Décembre	22	43	″	16,0	15	126	23,0	49,50	12,00	4,25	86,00	82,50	3,00
Totaux par année.	890	784	384	413,5	698	751	361,5	314,00	648,50	656,20	537,25	447,25	436,75

MOIS.	1884.	1885.	1886.	1887.	1888.	1889.	1890.	1891.	1892.	1893.	1894.	1895.
	mill.	mill.	mill.	mill.	mill.	mill.	mill.	mill.	mill.	mill.	mill.	mill.
Janvier	23,0	77,00	32,00	79,0	71,5	61,5	44,0	″	44,0	″	35	3
Février	10,5	20,50	14,50	55,0	84,0	″	113,5	13,00	49,5	15,0	2	40
Mars	″	2,25	51,00	43,5	7,5	22,2	55,0	30,00	56,0	8,0	″	34
Avril	125,5	99,00	34,25	114,0	33,0	87,0	39,5	62,50	″	33,0	36	28
Mai	62,0	17,00	18,50	12,0	19,0	24,5	77,0	64,50	2,5	12,0	107	152
Juin	57,5	66,00	″	27,0	124,8	70,5	″	65,25	36,0	30,0	3	137
Juillet	″	11,50	15,00	70,0	42,2	9,0	2,0	22,75	29,5	31,0	″	27
Août	14,5	139,00	2,50	32,0	87,0	″	13,0	32,00	84,0	38,0	9	16
Septembre	81,0	59,00	35,50	15,5	45,0	3,5	35,0	8,50	″	71,0	″	″
Octobre	21,0	81,00	183,50	9,00	1,5	121,5	8.5	157,00	79,0	21,0	16	68
Novembre	56,0	109,75	53,00	76,0	113,5	7,0	37,5	126,75	30,0	45,0	144	50
Décembre	63,5	″	15,50	43,0	195,0	18,0	74,5	24,50	″	14,0	10	120
Totaux par année.	519,5	682,00	455,25	576,0	824,0	424,7	499,5	666,75	418,5	318,0	362	675

OBSERVATIONS UDOMÉTRIQUES MENSUELLES POUR CINQ STATIONS DE LA CAMARGUE, ANNÉES 1882 À 1894 (JANVIER À DÉCEMBRE).

(Extrait des *Bulletins de la Commission météorologique des Bouches-du-Rhône.*)
[Hauteurs d'eau en millimètres.]

ANNÉES ET STATIONS.	JANVIER.	FÉVRIER.	MARS.	AVRIL.	MAI.	JUIN.	JUILLET.	AOÛT.	SEPTEMBRE.	OCTOBRE.	NOVEMBRE.	DÉCEMBRE.	TOTAL POUR L'ANNÉE.
1882.													
Arles	61	12	12	63	33	0	26	24	88	110	6	89	524
L'Étourneau	54	5	13	62	14	0	21	22	88	84	7	61	431
Giraud	58	35	23	79	17	0	16	20	99	90	3	78	518
Faraman	39	32	17	67	3	0	9	23	109	84	0	71	454
Saintes-Maries	65	19	8	85	6	0	19	26	102	133	4	90	557
1883.													
Arles	68	48	38	118	31	35	38	1	54	10	14	7	462
L'Étourneau	53	30	33	76	14	21	21	0	49	4	10	9	320
Giraud	82	37	36	119	12	35	20	0	16	0	2	11	370
Faraman	110	32	36	121	13	18	30	0	29	0	3	27	419
Saintes-Maries	88	48	34	179	21	26	15	0	27	0	8	9	455
1884.													
Arles	5	26	10	77	89	37	10	19	90	20	30	74	487
L'Étourneau	3	12	6	63	119	153	38	21	95	0	13	61	584
Giraud	27	4	20	82	121	79	2	24	75	25	18	100	577
Faraman	10	22	23	100	77	67	4	16	74	12	14	65	484
Saintes-Maries	14	3	21	94	113	77	8	4	91	17	31	80	553
1885.													
Arles	60	38	17	86	36	168	15	57	109	114	105	6	84
L'Étourneau	29	15	17	76	23	62	5	67	77	92	80	0	543
Giraud	65	22	15	112	12	57	1	24	29	102	106	7	552
Faraman	69	15	10	106	8	70	0	16	19	93	90	1	499
Saintes-Maries	90	31	18	115	21	52	24	92	63	80	112	4	702
1886.													
Arles	54	16	54	28	17	14	22	9	130	257	71	14	686
L'Étourneau	67	16	41	26	5	5	4	4	64	202	49	7	490
Giraud	104	28	56	38	10	12	5	5	52	171	47	4	532
Faraman	107	50	56	31	4	12	4	3	30	159	40	0	496
Saintes-Maries	80	23	59	41	9	10	13	8	83	183	34	15	558

ANNÉES ET STATIONS.	JANVIER.	FÉVRIER.	MARS.	AVRIL.	MAI.	JUIN.	JUILLET.	AOÛT.	SEPTEMBRE.	OCTOBRE.	NOVEMBRE.	DÉCEMBRE.	TOTAL POUR L'ANNÉE.
1887.													
Arles	57	70	29	94	30	18	83	31	29	21	106	100	668
L'Étourneau	0	57	14	21	3	32	51	46	11	14	110	31	390
Giraud	66	69	31	95	15	11	33	31	14	43	96	54	558
Faraman	62	66	13	106	20	5	42	3	28	44	84	60	533
Saintes-Maries	77	57	34	104	20	25	33	13	35	14	108	35	555
1888.													
Arles	37	101	13	40	13	168	53	66	20	3	108	337	959
L'Étourneau	19	25	4	21	0	104	28	57	11	0	84	230	583
Giraud	35	113	0	25	13	94	44	67	18	0	126	346	881
Faraman	24	55	6	22	10	84	44	108	13	0	123	283	772
Saintes-Maries	24	70	2	28	21	212	36	64	41	0	115	221	834
1889.													
Arles	28	29	46	89	69	24	20	1	3	113	21	27	470
L'Étourneau	14	22	33	57	47	16	21	0	5	125	0	14	354
Giraud	19	21	32	62	58	35	18	1	3	146	7	30	432
Faraman	24	26	20	63	51	71	12	0	0	166	4	14	451
Saintes-Maries	47	21	23	106	34	75	12	1	8	152	5	15	499
1890.													
Arles	76	54	61	54	104	13	4	36	48	14	32	45	541
L'Étourneau	54	38	40	49	79	0	6	36	37	19	36	53	447
Giraud	36	44	49	49	75	0	6	50	44	40	18	88	499
Faraman	32	42	30	47	63	0	0	32	42	3	0	82	353
Saintes-Maries	40	86	41	33	105	3	4	36	23	16	36	89	512
1891.													
Arles	3	7	39	27	128	78	41	29	16	230	103	35	736
L'Étourneau	0	4	13	11	37	48	22	5	4	102	84	15	345
Giraud	5	7	18	26	53	49	21	12	11	90	132	29	453
Faraman	0	0	0	17	84	0	17	15	2	31	0	0	166
Saintes-Maries	3	4	29	53	60	55	28	26	8	174	157	39	636
1892.													
Arles	43	70	75	32	19	65	31	52	134	80	109	5	715
L'Étourneau	31	37	45	38	11	8	9	30	24	41	58	0	332
Giraud	42	75	75	15	16	10	16	43	66	42	51	4	455
Faraman	41	63	66	12	8	0	0	0	19	69	51	0	329
Saintes-Maries	38	82	62	34	9	16	20	15	4	56	100	8	444

ANNÉES ET STATIONS.	JANVIER.	FÉVRIER.	MARS.	AVRIL.	MAI.	JUIN.	JUILLET.	AOÛT.	SEPTEMBRE.	OCTOBRE.	NOVEMBRE.	DÉCEMBRE.	TOTAL POUR L'ANNÉE.
1893.													
Arles	3	14	5	81	50	59	21	62	71	36	53	62	517
L'Étourneau	0	24	11	97	29	23	0	54	38	40	34	17	367
Giraud	6	33	9	54	37	26	6	27	22	40	48	25	333
Faraman	0	36	9	4	18	15	8	31	14	29	39	22	225
Saintes-Maries	3	26	10	55	37	38	15	55	100	26	56	17	438
1894.													
Arles	28	3	17	37	154	6	7	33	13	32	153	13	496
L'Étourneau	28	0	0	24	59	0	5	58	3	62	152	19	410
Giraud	45	3	2	29	42	2	2	24	12	118	219	6	504
Faraman	57	0	0	22	45	2	1	9	13	76	183	8	416
Saintes-Maries	12	2	6	32	64	5	4	24	7	89	208	24	477
1895.													
Arles	21	44	23	15	188	98	23	58	5	19	35	78	607
L'Étourneau	0	40	13	10	164	51	27	13	20	36	24	66	464
Giraud	14	53	24	15	170	44	27	8	23	22	38	98	536
Faraman	13	55	25	26	164	39	18	12	27	11	32	107	529
Saintes-Maries	4	37	17	8	156	76	18	14	0	60	37	96	523

NOTE DE M. E.-W. HILGARD, PROFESSEUR À L'UNIVERSITÉ DE CALIFORNIE, DIRECTEUR DE LA STATION EXPÉRIMENTALE AGRICOLE DE BERKELEY, SUR L'ANALYSE DES EFFLORESCENCES DES TERRES SALÉES.

Quand il n'existe que des sels neutres, le lessivage de la terre se fait sans difficultés. Pour connaître le contenu général de la terre en substances salines, il convient de prendre l'échantillon à la profondeur d'au moins 0 m. 20. Plus près de la surface il y a déjà accumulation des sels par évaporation superficielle. La couche supérieure, de 0 m. 01 par exemple d'épaisseur, peut contenir jusqu'à quatre fois plus que la terre en général. Comme on le sait, la croute superficielle peut être composée de sels presque purs.

En supposant que le sous-sol renferme environ 2 p. 100 de sels neutres, on prend 10 grammes de terre pour le lavage. Le liquide de filtration sera limpide et on n'aura aucune difficulté à titrer dans des portions convenablement fractionnées le chlore et l'acide sulfurique. Dans le cas où l'analyse qualitative préalable a indiqué la présence des chlorures ou sulfates de chaux et de magnésie, on dose ces corps dans le liquide filtré du précipité de sulfate de baryum en faisant évaporer ce liquide avec un excès d'acide nitrique, puis en suivant la méthode de séparation des alcalis par l'acide oxalique, ou bien on les précipite dans une partie spéciale de la liqueur d'extraction, ce qui vaut mieux, surtout quand le microscope n'accuse pas dans une goutte du lessivage, mêlée à une goutte de chlorure de platine, une proportion notable de potasse. En ce cas, il devient naturellement superflu de doser directement la soude.

Lorsque la terre mise en contact, mouillée avec le papier rouge de tournesol, indique une réaction alcaline prompte, il est quelquefois bien difficile d'effectuer le lessivage, car, dès que la liqueur de dissolution devient faible, l'argile colloïdale se délaye et traverse les filtres. L'extraction des sels devient ainsi impraticable. Mais, par un moyen détourné, on peut réussir cette extraction en opérant de la manière suivante : on évapore la liqueur trouble dans un vase à fond plat jusqu'à sec. Puis on y met de l'eau jusqu'à 0 m. 01 de hauteur, en ayant soin de ne pas soulever l'argile. On place le vase à une chaleur tiède afin seulement de faire circuler l'eau sans mettre en suspension le sédiment. En répétant soigneusement cette opération, on parvient à laver l'argile sans la délayer. On évapore alors à sec le liquide clair, mais presque toujours très coloré par la dissolution de l'humus. On sèche à 100 degrés centigrades le résidu et on le pèse, puis on le calcine et on le pèse encore, cela pour évaluer à peu près le quantum des matières organiques. L'eau et les nitrates, qui donnent une perte par cette calcination, faussent naturellement le résultat obtenu. On titre ensuite le carbonate alcalin dans une portion du liquide.

Comme, dans ce cas, il n'y a pas à considérer les sels de chaux et de magnésie, le dosage du chlore et celui de l'acide sulfurique mettent fin à l'analyse, à moins qu'il n'y ait des nitrates ou des phosphates ou même ces deux sels simultanément, ou une partie importante de potasse. Le phosphate de soude, qui se trouve très fréquemment dans l'alcali noir (carbonate de soude), est dosé dans une partie spéciale du liquide.

Les nitrates ne peuvent être dosés dans la solution humeuse, l'humus contenant de l'azote. On procède de la manière suivante : on mêle la terre avec un dixième de plâtre pulvérisé. Par ce moyen les acides humiques sont séparés et de plus on convertit ainsi en sulfate le carbonate de soude; on peut dès lors faire le lessivage sans difficultés. Dans la liqueur de filtration on précipite le gypse par une addition d'alcool en quantité convenable (55 p. 100 du volume de la solution totale). En évaporant la filtration, on obtient les sels alcalins en état d'être pesés; on calcule alors la correction à faire pour le changement du carbonate en sulfate et on obtient ainsi la quantité totale du sel contenue dans le sol. Ensuite on peut convertir le nitrate en ammoniaque, selon la méthode connue, et doser ainsi le salpêtre[1]. On peut encore faire une correction pour le nitrate converti en carbonate dans la calcination qui a précédé la titration de ce dernier.

Quant à l'interprétation des résultats de l'analyse, elle réclame la plus grande attention. J'ai démontré dans un travail spécial dont je vous fais l'envoi la compatibilité des sulfates terreux avec les surcarbonates alcalins. Comme les carbonates alcalins se trouvent dans la nature surchargés d'acide carbonique, à l'état de sesquicarbonate ou même d'hydrocarbonate, on doit s'attendre à trouver, dans la dissolution d'alcali naturel, le gypse aussi bien que le sulfate de magnésie en présence d'une réaction fortement alcaline. L'incompatibilité connue ne se manifeste qu'après avoir fait rougir le mélange des sels; l'ébullition seule n'y conduit pas. C'est pour ce motif qu'il faut absolument calciner le résidu du lessivage avant de titrer l'alcalinité; de plus les acides de l'humus peuvent neutraliser une partie du carbonate dans certaines terres, dont le lavage ne donne qu'une réaction alcaline très faible jusqu'après la calcination.

Imprimerie nationale. — 1897.

www.ingramcontent.com/pod-product-compliance
Ingram Content Group UK Ltd.
Pitfield, Milton Keynes, MK11 3LW, UK
UKHW020309220726
13923UKWH00003B/1034